전면개정판 제36회 공인중개사 시험대비

박문각
공인중개사

이태호 샘의 짧세 한손노트

2차 부동산세법

이태호 편저

합격까지 박문각
합격 노하우가 다르다!

박문각

이 책의 **차례**

이 책의 **차례**

출제빈도   제2회, 제5회, 제6회, 제8회, 제9회, 제13회, 제20회, 제26회, 제33회, **부동산 학개론 34회**

출제경향 ⇨ 조세의 분류는 절대적 암기로 제10회 이전엔 자주 출제되었으나, 제20회 이후엔 이해에 관한 내용을 발췌하여 출제되어, 4~5년 간격으로 1문제 출제되고 있다. 현 30회와 제33회, **34회**에서는 1차 과목인 부동산학개론에서 **취득·보유·양도의 구별** part가 출제되어, 부동산학개론에서 도움되는 part이다.

중요도 ⇨ 조세의 분류는 문제론 자주 출제되지 않으나, 세금의 명칭은 알아야 세법을 공부할 수 있으니, 세금의 명칭을 아는 것으로 마무리... 허나 **납세지는 중요**합니다.

---

1. 부동산학개론을 위해 알아야 하는 국세 · 지방세

국 세 (소유자별)	소득세, 종합부동산세, 부가가치세, 취득단계 ⇨ 상속세, 증여세
지방세 (물건별과세)	취득세, 등록면허세, 재산세 └ 취득단계 └ 보유단계

2. 보유단계 세목

보유 단계	재산세, 지역자원시설세, 종합부동산세
국세 + 보유	종합부동산세
지방세 + 보유	재산세, 소방분 지역자원시설세

01 부동산 관련 조세에서 ( )에 들어갈 내용은?

부동산학개론 제30회

구 분	보유단계	취득단계	처분단계
국 세	(㉠)	상속세	(㉢)
지방세	(㉡)	취득세	—

02 부동산 관련 조세에 관한 설명으로 옳은 것을 모두 몇 개인가?

부동산학개론 제33회

㉠ 양도소득세와 부가가치세는 국세에 속한다.

㉡ 취득세와 등록면허세는 지방세에 속한다.

㉢ 상속세와 재산세는 부동산 취득단계에 부과한다.

㉣ 증여세와 종합부동산세는 부동산의 보유단계에 부과한다.

정답

1. ㉠ 종합부동산세 ㉡ 재산세 ㉢ 양도소득세
2. ㉠, ㉡으로 2개
   ㉢ : 재산세는 보유단계,
   ㉣ : 증여세는 취득 단계

납세지(과세 관할)

출제경향 ⇨ 세법 시험에서 "**납세지**"란 단일 문제로 출제된 적은 없으나, 부동산 관련 각 세목 문제별 선다 ①②③④⑤의 항목으로 출제되고 있으니, 각 **세목별 비교학습으로 숙지**하여야 한다.

문제푸는 요령 ⇨ 문장에서 ...는 앞에 "납세지," 마침표 앞에서 "**납세지**"란 단어가로 나오면 "**납세지 문제구나**"라고 생각하고, 문장의 포인트를 잡는다. 포인트는 "지방세이냐? 국세냐?"이다.

1. 지방세의 납세지 ⇨ 소재지

지방세	취득세 · 등록면허세 · 재산세 · 지역자원시설세

취득세	**납세지가**	**취득물건 소재지**
등록면허세	**불분명**	등록관청 소재지

(1) 2 이상 지자체에 걸친 경우의 납세지

취득세	**2 이상 지자체에 걸쳐**	소재지별 시가표준액비율로 배분
등록면허세		등록관청 소재지

등록면허세

같은 채권의 담보를 위하여 설정하는 둘이상의 저당권을 등록하는 경우에는 이를 **하나의** 등록으로 보아 그 등록에 관계되는 재산을 **처음 등록하**는 등록관청 소재지를 납세지로 한다.

2. 국세의 납세지

국세액	거주자	주소지 관할세무서	
	비거주자	국내사업장소재지 관할세무서	
		국내사업장이 불분명	토지 · 주택 **소재지**
			국내 소득 소재지

3. 양도소득세의 납세의무

☑ ...**거주자**...**국외** 소득..국내 **5년 이상 주소**...**양도소득납세의무 있다.**

☑ ...**비거주자**...국내 소득 **만** ...납세의무 있다.

- 9 -

01 같은 등록에 관계되는 재산이 둘 이상의 지방자치단체에 걸쳐 있어 등록면허세를 지방자치단체별로 부과할 수 없을 때에는 등록관청 소재지를 납세지로 한다. (○, ×) 제34회

02 같은 채권의 담보를 위하여 설정하는 둘 이상의 저당권을 등록하는 경우에는 이를 하나의 등록으로 보아 그 등록에 관계되는 재산을 나중 등록하는 등록관청 소재지를 납세지로 한다.
(○, ×) 기출응용

03 甲이 국외에 있는 양도소득세 과세대상 X토지를 양도함으로써 소득이 발생하였다. 甲이 X토지의 양도일까지 계속 5년 이상 국내에 주소 또는 거소를 둔 경우에 해당 양도소득에 대한 납세의무가 없다. (○, ×) 제30회

04 비거주자가 국내주택을 양도한 경우 양도소득세 납세지는 비거주자의 국내 주소지이다. (○, ×) 제27회

05 거주자 甲은 2015년에 국외에 1채의 주택을 미화 1십만 달러 (취득자금 중 일부 외화 차입)에 취득하였고, 2024년에 동 주택을 미화 2십만 달러에 양도하였다. 거주자 甲이 해당자산의 양도일까지 계속 3년 이상 국내에 주소를 둔 경우 甲은 국외주택의 양도에 대하여 양도소득세의 납세의무가 있다.

(○, ×) 제32회

06 거주자가 국내 상가건물을 양도한 경우 거주자의 주소지와 상가건물의 소재지가 다르다면 양도소득세 납세지는 상가건물의 소재지이다. (○, ×)   제26회

07 종합부동산세의 납세의무자가 비거주자인 개인으로서 국내사업장이 없고 국내원천소득이 발생하지 아니하는 1주택을 소유한 경우 그 주택 소재지를 납세지로 정한다. (○, ×)

제31회

08 부동산 소재지와 납세의무자의 주소지가 다를 경우 등록면허세의 납세지는 乙의 주소지로 한다. (○, ×)   제29회

09 납세의무자가 법인으로 보지 않는 단체인 경우 주택에 대한 종합부동산세 납세지는 해당 주택의 소재지로 한다. (○, ×)

제33회

10 부동산 등기에 대한 등록면허세의 납세지가 분명하지 아니한 경우에는 등록관청 소재지를 납세지로 한다. (○, ×)

제33회

11 같은 등록에 관계되는 재산이 둘 이상의 지방자치단체에 걸쳐 있어 등록면허세를 지방자치단체별로 부과할 수 없을 때에는 등록관청 소재지를 납세지로 한다. (○, ×)

제34회

정답

1. ○
2. ×, 나중 ⇨ 처음
3. ×, 납세의무 있다.
4. ×, 주택 소재지
5. ×, 5년 이상
6. ×, 거주자의 주소지
7. ○
8. ×, 부동산 소재지
9. ×, 거주자 주소지
10. ○
11. ○

key 3. | 취득, 보유, 양도의 구분

출제빈도 제5회, 제8회, 제13회, 제16회, 제17회, 제20회, 제25회, 제30회 기출

문제푸는 요령 ⇨ 아래의 1,2,3을 암기하고, 그 세금을 징수할 법률적 근거만 알면 취득·보유·양도가 구별

1. 취득, 보유, 양도 모두 관련 세목	농어촌특별세
2. 취득, 보유만 관련된 세목	지방교육세
3. 보유, 양도만 관련된 세목	종합소득세, 지방소득세

취득만 적용 세목 ⇨ 취득세, 등록면허세

보유만 적용 세목 ⇨ 종합부동산세, 재산세, 지역자원시설세

국세 + 보유만 ⇨ 종합부동산세
지방세 + 보유만 ⇨ 재산세, 지역자원시설세

양도만 적용 세목 ⇨ 양도소득세

01 부동산의 보유단계에서 과세되는 지방세로서는 재산세·종합부동산세이다. (○, ×)   제17회 변형

02 부동산의 보유단계에서 과세되는 국세는?   제17회

03 국내 소재 부동산의 보유단계에서 부담할 수 있는 세목은 모두 몇 개인가?   제30회

• 농어촌특별세	• 지방교육세
• 개인지방소득세	• 소방분 지역자원시설세

04 2025년 4월 중 부동산을 취득하는 경우, 취득단계에서 부담할 수 있는 세금은 모두 몇 개인가?

㉠ 재산세	㉡ 농어촌특별세
㉢ 종합부동산세	㉣ 지방교육세
㉤ 인지세	㉥ 종합소득세

05 다음 중 부동산을 취득할 때에 납부하는 조세에 해당하지 않는 것은?

① 농어촌특별세

② 지방소득세

③ 지방교육세

④ 등록면허세

⑤ 취득세

출제빈도 제13회, 제15회, 제16회, 제18회, 제21회, 제29회, 제32회 기출

문제푸는 요령 ⇨ 납세의무 성립은 납부할 의무의 시작으로 일반적 경우는 ○○세에서 세 앞의 글자 ○○에 하는 때를 붙인다.

1. 일반적 성립 시기: ○○세 ⇨ ○○ 하는 때

세 목	납세의무 성립시기
취득세	과세물건을 **취득하는 때**
등록면허세	재산권 등 그 밖의 권리를 등기 또는 **등록하는 때**
수시부과하는 세목	**수시부과사유가 발생하는 때**

2. 부는 본에 따른다.

부가세인 ⇨ 농어촌특별세 · 지방교육세 · 국세의 가산세 · 시험용으로 지방소득세의 성립시기는...○○ 본 **세의** 납세의무가 성립하는 때

농어촌특별세	본세의 납세의무가 성립하는 때
지방교육세	그 과세표준되는 세목의 납세의무가 성립하는 때
지방소득세	그 과세표준되는 소득세의 납세의무가 성립하는 때
국세의 가산세	가산할 국세의 납세의무가 성립하는 때

3. 특수 경우

① 소득세	연말로 연상하여 과세기간 끝나는 때

주의 예정신고납부하는 소득세 ⇨ 그 과세표준이 되는 금액이 발생한 **달의 말일**

② 재산세 · 종합부동산세 · 지역자원시설세	과세**기준일** (6월 1일)

주의 • 개인분 및 사업소분 주민세 ⇨ 과세기준일(7월 1일)

• 종업원분 주민세 ⇨ 종업원에게 급여 지급하는 때

01 재산세에 부가되는 지방교육세는 고지서의 납부개시일시점에서 납세의무가 성립된다. (○, ×) 제32회 변형

02 양도소득세의 경우는 양도하는 때에 납세의무가 성립한다. (○, ×)

03 상속에 의해 취득한 경우의 취득세 납세의무 성립은 취득하는 때로 상속개시일이다. (○, ×) 제32회 변형

04 지방교육세의 납세의무 성립시기는 그 과세표준되는 세목의 납세의무가 성립하는 때이다. (○, ×)

05 납세의무의 성립시기로 옳은 것으로만 묶으면? 제20회

> ㉠ 소득세 : 소득을 지급하는 때
> ㉡ 농어촌특별세 : 과세기간이 종료하는 때
> ㉢ 재산세 : 과세기준일
> ㉣ 지방소득세 : 그 과세표준이 되는 소득세의 납세의무가 성립하는 때
> ㉤ 종합부동산세 : 세무서장이 세액을 결정하는 때

06 국세 및 지방세의 납세의무성립시기에 관한 내용으로 옳은 것은?

① 개인분 및 사업소분 주민세 : 매년 7월 1일

② 거주자의 소득에 대한 지방소득세 : 3월 31일

③ 재산세에 부가되는 지방교육세 : 12월 31일

④ 중간예납하는 소득세 : 매년 12월 31일

⑤ 종합부동산세 : 매년 7월 1일

1. ×, 과세기준일 6월 1일
2. ×, 과세기간 끝나는 때
3. ○
4. ○
5. ㉢, ㉣
6. ① 7월 1일
   ② 12월 31일
   ③ 6월 1일
   ④ 6월 30일
   ⑤ 6월 1일

- 19 -

key 5. 납세의무 확정

출제빈도   제13회, 제15회, 제16회, 제18회, 제26회, 제31회,
제32회, 제33회 기출

문제푸는 요령 ⇨ 문장에서 **확정(또는 세액 산정)**라는 단어
를 **문제 key**로 잡고, 해당되는 세목이 **보유만** 적용세목이면
결정(과세권자가 세액 산정)이라는 단어가 있으면 원칙적으로
옳은 문장이다. **보유만 외의 세목이면 신고가 원칙**이다. 예외
상으로 신고를 택하는 세목에서 신고를 이행하지 아니한 경우
란 말이 있으면 가산세 가산하여 결정된다.

1. 납세의무 확정 시기

취득세	납세의무자가 **신고**하는 때 확정
등록면허세	
소득세	

재산세	지방자치단체가 **결정**하는 때 확정
종합부동산세	**국가**가 **결정**하는 때 확정

종합부동산세는 재산세와 다르게 예외로 신고하고자 하는 자는
납부기간 내 **12월 1일~12월 15일 내**에 신고한다. 이를 신고하
는 때에는 정부의 결정이 없었던 것으로 본다.

지역자원시설세	지방자치단체가 **결정**하는 때 확정

2. 부과징수 방법

신고납부	신고와 동시에 납부	**취득세, 등록면허세, 소득세**
보통징수	지자체가 세액 산정하여 **고지서 발부**	**재산세,** 지역자원시설세
부과과세	신고하고자하는 신고	종합부동산세
특별징수	징수의 편의가 있는 자가 징수	지방소득세

> 주의 보통징수를 택하는 **재산세·지역자원시설세는 신고 관련 가산세에 관련 규정은 없다.**
>
> 주의 종합부동산세는 무신고가산세는 없으나, 과소신고의 경우 과소신고가산세와 납부 관련 가산세인 납부지연가산세는 있다.

(1) 신고납부의 예외 ⇨ 보통징수

취득세 납세의무자가 위의 **신고 또는 납부의무를 다하지 아니**하면 산출세액 또는 그 부족세액에 지방세기본법 제53조의2부터 제53조의4까지의 규정에 따라 산출한 **가산세를 합한** 금액을 세액으로 하여 **보통징수의 방법**으로 징수한다.

01 거주자인 개인 甲이 乙로부터 부동산을 취득하여 보유하고
있다가 丙에게 양도하였다. 甲의 부동산 관련 조세의 납세의
무에 관한 설명으로 틀린 것은?   제32회 변형

① 甲이 乙로부터 증여받은 것이라면 취득하는 때에 취득세
납세의무가 성립한다.

② 부동산의 보유에 대한 재산세의 납세의무자는 사실상 소
유자인 甲이며, 지방자치단체의 세액 결정에 의해 납세의
무가 확정된다.

③ 甲이 종합부동산세를 신고납부방식으로 납부하고자 하
는 경우 과세표준과 세액을 해당 연도 12월 1일부터 12월
15일까지 관할 세무서장에게 신고하는 때에 종합부동산
세 납세의무는 확정된다.

④ 丁이 임차권설정등기한 경우의 등록면허세의 납세의무
자는 임차권자이며, 납세의무자의 신고에 의해 납세의무
가 확정된다.

⑤ 양도소득세의 예정신고만으로 甲의 양도소득세 납세의
무가 확정되지 아니한다.

02 원칙적으로 결정에 의하여 납세의무가 확정되는 지방세를 모두 고르면 몇 개인가?

㉠ 취득세	㉡ 종합부동산세
㉢ 재산세	㉣ 종합소득세

03 종합부동산세를 신고납부방식으로 납부하고자 하는 납세의 무자는 종합부동산세의 과세표준과 세액을 해당 연도 11월 1일부터 11월 15일까지 관할세무서장에게 신고하여야 한다.
(○, ×) 제33회, 제34회

04 양도소득세 납세의무의 확정은 납세의무자의 신고에 의하지 않고 관할세무서장의 결정에 의한다. (○, ×) 제33회

05 관할세무서장은 납부하여야 할 종합부동산세의 세액을 결정 하여 해당 연도 12월 1일부터 12월 15일까지 부과·징수한다.
(○, ×) 제34회

정답

1. ⑤ 신고로 납세의무 확정
2. ㉢으로 1개(㉡ 종합부동산세는 국세)
3. ×, 12월 1일~12월 15일
4. ×, 신고에 의해 확정
5. ○

제척기간

> **출제빈도** 제9회, 제25회, 제26회, 제29회, 제32회, 제34회
> 기출
>
> **문제푸는 요령** ⇨ 문장에서 "**제척기간은**", 마침표 앞에서 …
> "**○년이 경과하면 부과할 수 없다.**"…○**년이 경과하면 납세의**
> **무가 소멸**된다. 로 나오면 "**제척기간의 문제구나**"라고 생각하
> 고, 문장의 포인트를 잡는다.

1. 문장에서의 point

> • …**사기**나 그 밖의 **부정.**… ⇨ 10년
> • …**신고서를 제출하지 아니한** 경우에는…. ⇨ 7년
> • …과소신고 또는 **종합부동산세 · 재산세** ⇨ 5년

2. 제척기간의 기산일

신고납부되는 세목의 **기산일**	신고기한의 다음 날
종합부동산세, 재산세, 지역자원시설세의 기산일	**납세의무성립일**인 과세**기준일**로 6월 1일

01 납세자가 법정신고기한까지 과세표준신고서를 제출하지 아니한 경우(역외거래 제외)에는 해당 국세를 부과할 수 있는 날부터 10년을 부과제척기간으로 한다. (○, ×)　　제34회

02 납세자가 「조세범 처벌법」에 따른 사기나 그 밖의 부정한 행위로 종합소득세를 포탈하는 경우(역외거래 제외) 그 국세를 부과할 수 있는 날부터 15년을 부과제척기간으로 한다. (○, ×)　　제34회

03 종합부동산세의 경우 부과제척기간의 기산일은 과세표준과 세액에 대한 신고기한의 다음 날이다. (○, ×)　　제26회

04 납세자에게 부정행위가 없으며 특례제척기간에 해당하지 않는 경우 원칙적으로 납세의무 성립일부터 3년이 지나면 종합부동산세를 부과할 수 없다. (○, ×)　　제32회

05 납세자에게 부정행위가 없으며 특례제척기간에 해당하지 아니한 경우, 원칙적으로 과세기준일로부터 5년이 지나면 종합부동산세를 부과할 수 없다. (○, ×)　　제29회 변형

06 지방세법상 납세자가 법정신고기한까지 과세표준신고서를
제출하지 아니한 경우에 지방세 부과 제척기간은 5년이다.

(○, ×) 제26회

가산세

출제빈도　제11회, 제20회, 제22회, 제26회, 제27회, 제33회 기출

1. 가산세

㉠ 가산세란...**의무의**,,,산출한 세액에 가산하여

㉡ 해당 ○○세를 감면하는 경우, 가산세는 그 **감면대상에 포 함시키지 아니**하는 것으로 한다.

2. 신고 관련 가산세

㉠ ...**적게 신고**... **100분의 10금액을** 가산세로 부과한다.

㉡ ...**신고를 하지 아니한 경우**...**100분의 20금액을** 가산세

㉢ ,,,**부정**...**100분의 40** 금액을 가산세로 부과

㉣ ...법인이 장부작성의이행 불(不) 경우 ⇨ **10% 가산세**

㉤ **중가산세** ⇨ 취득세만 있다.

　ⓐ 취득세 물건을 사실상 취득한 후 **신고를 하지 않고 매 각**...산출세액에 **80%를 가산**한...보통징수

　ⓑ **중가산세 제외**되는 경우
　　• 취득일부터 취득 신고를 한 후 매각
　　• **..등기된 경우**
　　• ...등기등록이 필요하지 아니한 물건의 경우
　　• **지목변경의 경우**
　　• ...**주식**...신고하지 아니하고 매각

3. 납부 관련 가산세

납부하지 아니한 경우는 납부지연가산세가 가산한다.

01 납세의무자가 법정신고기한까지 양도소득세의 과세표준신고를 하지 아니한 경우(부정행위로 인한 무신고는 제외)에는 그 무신고납부세액에 100분의 20을 곱한 금액을 가산세로 한다. (○, ×) 제33회 기출

02 납세의무자가 지방세법에 따른 납부기한까지 지방세를 납부하지 않은 경우 산출세액의 100분의 20을 가산세로 부과한다.

(○, ×) 제26회

03 종합부동산세는 납세의무자는 선택에 따라 신고 · 납부할 수 있으나, 신고함에 있어 납부세액을 과소하게 신고한 경우라도 과소신고가산세가 적용되지 않는다. (○, ×) 제29회

04 취득세 납세의무가 있는 법인이 장부 등의 작성과 보존의무를 이행하지 아니하는 경우 산출세액의 100분의 20에 상당하는 가산세가 부과된다. (○, ×) 제24회, 제25회

05 납세의무자가 취득세 과세물건을 사실상 취득한 후 취득세 신고를 하지 아니하고 매각하는 경우에는 산출세액에 100분의 50을 가산한 금액을 세액으로 하여 보통징수의 방법으로 징수한다. (○, ×) 제25회

06 지목변경으로 인한 취득세 납세의무자가 신고를 아니하고 매각하는 경우 산출세액에 100분의 80을 가산한 금액을 세액으로 징수한다. (○, ×)

제31회

07 납세의무자가 토지의 지목을 사실상 변경한 후 산출세액에 대한 신고를 하지 아니하고 그 토지를 매각하는 경우에는 산출세액에 100분의 80을 가산한 금액을 세액으로 하여 징수한다. (○, ×)

제33회

정답

1. ○
2. ×, 무신고인 경우 20%. 문제는 납부하지 아니한 경우로 납부지 연가산세이다.
3. ×, 과소신고가산세 적용
4. ×, 10%
5. ×, 80%
6. ×, 중가산세 제외
7. ×, 중가산세 제외

key 8. 기한 후 신고, 수정신고

1. 기한 후 신고

> **기한 후 신고**(무신고시 - 자수한 경우로 생각)
> • 대상자 ⇨ 신고기한까지 신고서를 제출하지 아니한 자
> • 적용되는 경우 ⇨ 무신고의 경우
> • 기한 ⇨ 결정하여 통지를 하기 전까지는 과세표준 기한 후신고서를 제출할 수 있다.
> • 감면 ⇨ 무신고불성실가산세에서 감면

2. 수정 신고

> **수정신고**(과소신고시 - 자수)
> • 대상자 ⇨ 신고한 자(납기 후 신고 포함)
> • 적용되는 경우 ⇨ 과소신고의 경우
> • 기한 ⇨ 경정하여 통지 전까지 수정신고서를 제출할 수 있다.
> • 감면 ⇨ 과소불성실가산세에서 감면

> 주의 취득세납세의무자가 취득세 신고기한까지 취득세를 **시가 인정액으로 신고한후** 지방자치단체의 장이 세액을 경정하기 전에 그 시가인정액을 **수정신고한 경우**에는 **과소신고 가산세를 부과하지 아니**한다.

01 「지방세법」의 규정에 의하여 기한 후 신고를 한 경우, 납부 지연가산세의 100분의 50을 경감한다. (○, ×)   제20회

02 취득세의 기한 후 신고는 법정신고기한까지 신고한 경우에 한하여 할 수 있다. (○, ×)   제21회

03 등록면허세의 기한 후 신고는 법정신고기한 경과 후 6개월까 지 할 수 있다. 이 경우 납부지연가산세에서 50% 감면한다.
(○, ×) 기출응용

04 재산세의 법정신고기한까지 신고하지 아니한 자는 기한 후 신고를 결정고지 전까지 할 수 있다. (○, ×)   기출응용

납세의무 소멸

출제빈도 제28회, 제33회, 제35회 기출

1. 납세의무 소멸

조세채권 실현으로 소멸되는 경우	납부, 충당
조세채권 미실현으로 소멸되는 경우	• 부과의 취소 • 제척기간 만료 • 소멸시효 완성

> **주의** **상속**과 법인의 합병은 납세의무 승계로 소멸 사유에 해당하지 아니한다.

(1) 소멸시효

국세징수권을 다음의 ①~③ 기간동안 미행사 경우 납세의무 소멸한다.
① 일반적 경우 국세·지방세: 5년
② 5억원 이상의 국세: 10년
③ 가산세를 제외한 지방세의 금액이 5천만원 이상: 10년

④ 소멸시효의 기산일
　　㉠ 과세표준과 세액의 신고에 의하여 납세의무가 확정되는 경우는 국세·지방세 징수권을 행사할 수 있는 때는 납세의무자가 확정신고한 법정 신고납부기한의 다음 날이다.

ⓛ 과세표준과 세액을 정부가 결정하는 경우는 정부가 납세고
지한 세액에 대한 국세·지방세징수권을 행사할 수 있는
때는 그 납세고지서에 따른 **납부기한의 다음 날**이다.

01 국세기본법령 및 지방세기본법령상 국세 또는 지방세 징수권의 소멸시효에 관한 설명으로 옳은 것은? 제35회

① 가산세를 제외한 국세가 10억원인 경우 국세징수권은 5년 동안 행사하지 아니하면 소멸시효가 완성된다.

② 가산세를 제외한 지방세가 1억원인 경우 지방세징수권은 7년 동안 행사하지 아니하면 소멸시효가 완성된다.

③ 가산세를 제외한 지방세가 5천만원인 경우 지방세징수권은 5년 동안 행사하지 아니하면 소멸시효가 완성된다.

④ 납세의무자가 양도소득세를 확정신고하였으나 정부가 경정하는 경우, 국세징수권을 행사할 수 있는 때는 납세의무자가 확정신고한 법정 신고납부기한의 다음 날이다.

⑤ 납세의무자가 취득세를 신고하였으나 지방자치단체의 장이 경정하는 경우, 납세고지한 세액에 대한 지방세징수권을 행사할 수 있는 때는 그 납세고지서에 따른 납부기한의 다음 날이다.

02 과세기간별로 이미 납부한 확정신고세액이 관할세무서장이 결정한 양도소득 총결정세액을 초과한 경우 다른 국세에 충당할 수 없다. (○, ×) 제33회

03 「지방세기본법」상 지방자치단체의 징수금을 납부할 의무가
소멸되는 것은 모두 몇 개인가?

> ㉠ 납부·충당되었을 때
> ㉡ 지방세 징수권의 소멸시효가 완성되었을 때
> ㉢ 법인이 합병한 때
> ㉣ 지방세부과의 제척기간이 만료되었을 때
> ㉤ 납세의무자의 사망으로 상속이 개시된 때

1. ⑤
    ① 가산세를 제외한 국세가 10억원인 경우는 국세가 5억원 이상
    으로 10년
    ② 가산세를 제외한 지방세가 1억원이니 5천만원 이상으로 지
    방세징수권은 10년
    ③ 가산세를 제외한 지방세가 5천만원인 경우는 5천만원 이상
    으로 지방세징수권은 10년
    ④ 납세의무자가 양도소득세를 확정신고하였으나 정부가 경정
    하는 경우, 국세징수권을 행사할 수 있는 때는 그 고지에 따
    른 납부기한의 다음 날이다.
2. ×, 충당할 수 있다.
3. 3개 ㉠㉡㉣

조세의 우선권

출제빈도 제13회, 제19회, 제22회, 제29회, 제30회, 제31회, 제35회 기출

1. 징수금 ⇨ 체납처분비 · 지방세 · 가산세

① 지방자치단체의 징수금은 다른 공과금과 그 밖의 채권에 우선하여 징수한다.
② 지방자치단체의 징수금에 대한 징수순서는 체납처분비 · 지방세 · 가산세의 순서로 한다.

2. 피담보 채권과의 우선순위

① 법정기일 전에 저당권의 설정을 등기한 담보채권은 국세 또는 지방세와 동 가산금보다 우선하는 권리를 가진다.

② 법정기일	신고에 의해 확정되는 국세 · 지방세	그 신고일
	정부가 결정 고지한 경우	납부고지서 발송일

③ 당해 재산에 부과된 재산세 · 종합부동산세 · 지역자원시설세 · 상속세 · 증여세는 설정시기를 불문하고 피담보채권보다 우선하여 징수한다.

3. 임차인 보호를 위한 국세 우선 원칙 예외

① 경매·공매시 해당 재산에 부과된 상속세, 증여세 및 종합
   부동산세의 법정기일이 임차인의 확정일자보다 늦은 경우
   그 배분 예정액에 한하여 주택임차보증금을 먼저 배분할
   수 있도록 한다.
② 임대인 변경시 종전 임대인에게 각종 권리보다 앞서는 국
   세체납이 있었던 경우에 한하여만 그 한도금액 내에서 변
   경된 임대인의 체납국세를 우선 징수 하되, 해당 주택에 부
   과된 종합부동산세에 대해서는 그 한도 금액에 상관없이
   적용한다.

기출문제

01 "지방자치단의 징수금"이란 지방세와 가산세 및 체납처분비
를 말한다. (○, ×)   제31회

02 취득세신고서를 납세지 지방자치단체장에게 제출하기 전날
에 저당권 설정등기 사실이 증명되는 재산을 매각하여 그 매
각 대금에서 취득세를 징수하는 경우, 저당권에 담보된 채권
은 취득세에 우선하여 징수한다. (○, ×)   제29회, 제35회

03 국세기본법령 및 지방세기본법령상 조세채권과 일반채권의 우선관계에 관한 설명으로 틀린 것은? 제35회

① 취득세의 법정기일은 과세표준과 세액을 신고한 경우 그 신고일이다.

② 토지를 양도한 거주자가 양도소득세 과세표준과 세액을 예정신고한 경우 양도소득세의 법정기일은 그 예정신고일이다.

③ 법정기일 전에 전세권이 설정된 사실은 양도소득세의 경우 부동산등기부 등본 또는 공증인의 증명으로 증명한다.

④ 주택의 직전 소유자가 국세의 체납 없이 전세권이 설정된 주택을 양도하였으나, 양도 후 현재 소유자의 소득세가 체납되어 해당 주택의 매각으로 그 매각금액에서 소득세를 강제징수하는 경우 그 소득세는 해당 주택의 전세권담보채권에 우선한다.

⑤ 「주택임대차보호법」 제8조가 적용되는 임대차관계에 있는 주택을 매각하여 그 매각금액에서 지방세를 강제징수하는 경우에는 임대차에 관한 보증금 중 일정액으로서 같은 법에 따라 임차인이 우선하여 변제받을 수 있는 금액에 관한 채권이 지방세에 우선한다.

04 재산의 매각대금 배분시 당해 재산에 부과된 종합부동산세
는 당해 재산에 설정된 저당권에 따라 담보된 채권보다 우선
하여 징수한다. (○, ×)

제29회

05 법정기일 전에 저당권의 설정을 등기한 담보채권은 국세 또
는 지방세와 동 가산금보다 우선하는 권리를 가진다. 다만,
당해 재산에 부과된 국세와 지방세는 다른 채권보다 항상 우
선하여 징수한다. 이에 해당하지 않는 세목은?

제13회, 제19회, 제22회

① 종합부동세
② 소방분 지역자원시설세
③ 재산세의 과세특례
④ 양도소득세
⑤ 재산세

06 법정기일 전에 저당권의 설정을 등기한 사실이 등기사항증명서에 따라 증명되는 재산을 매각하여, 그 매각금액에서 국세 또는 지방세를 징수하는 경우, 그 재산에 부과되는 다음의 국세 또는 지방세 중 저당권에 따라 담보된 채권에 우선하여 징수하는 것은 모두 몇 개인가? 제30회

> • 종합부동산세
> • 취득세에 부가되는 지방교육세
> • 등록면허세
> • 부동산 임대에 따른 종합소득세
> • 소방분 지역자원시설세

정답

1. ○
2. ○
3. ④ 주택의 직전 소유자가 국세의 체납 없이 전세권이 설정된 주택을 양도하였으나, 양도 후 현재 소유자의 소득세가 체납되어 해당 주택의 매각으로 그 매각금액에서 소득세를 강제징수하는 경우 그 소득세는 해당 주택의 전세권담보채권에 우선하지 못한다.
4. ○
5. ④
6. 2개. 종합부동산세, 소방분 지역자원시설세

key 11. 물납·분납

출제빈도 제13회, 제17회, 제20회, 제21회, 제24회, 제25회,
제27회. 제28회, 제29회, 제30회, 제31회, 제32회, 제33회, 제
35회 기출

출제경향 ⇨ 시험범위 내의 각 세목별 물납 또는 분납의 비
교 문제가 최근 자주 출제되고 있으니, 각 세목별 물납요건,
분납요건을 종합적으로 정리·학습하여야 한다.

1. 물 납

① 시험범위 내의 세목 중 물납이 있는 세목은 **재산세**뿐이다.

세 목	물납요건	물납가능물건
재산세	납부할 세액 1천만원 초과	**관할구역** 내 부동산

암기 **물천 분이오 양천**

② 물납신청기한 ⇨ 납부기한 10일 **전**까지 물납신청
③ 재산세에서 물납 허가하는 부동산의 가액은 재산세 **과세기
준일**의 시가(시가표준액의 의미)에 의한다.
④ 물납허가 받은 부동산을 물납하였을 때에는 납부기한 내에
납부한 것으로 본다.
⑤ 시장·군수는 물납신청 받은 부동산이 **관리·처분이 부적
당하다고 인정되는 경우**에는 **허가하지 아니할** 수 있다.

- 42 -

⑥ 시장·군수는 불허가 통지받은 납세의무자가 그 통지를 받은 날로부터 10일 내에 해당 시·군의 관할 구역에 있는 부동산으로서 **관리처분 가능한 다른 부동산으로 변경신청한 경우 변경허가를 할 수 있다**.

2. 분 납

지방세의 분납은 재산세, 지방교육세, 소방분 지역자원시설세(재산세 분납신청의 경우에 한함)에서 있다.

	분납 요건		분납 기간
재산세	납부세액 250만원 초과		일부금액을 납부기한 경과한 날부터 3개월 내
	일 부	5백만원 이하 ⇨ 250만원 초과 금액	
		5백만원 초과 ⇨ 50% 이하 금액	

	분납 요건		분납 기간
종합부동산세	납부세액 250만원 초과		일부금액을 납부기한 경과한 날부터 6개월 내
	일 부	5백만원 이하 ⇨ 250만원 초과 금액	
		5백만원 초과 ⇨ 50% 이하 금액	

	분납 요건		분납 기간
양도소득세	납부세액 1천만원 초과		일부금액을 납부기한 경과한 날부터 2개월 내
	일 부	2천만원 이하 ⇨ 1천만원 초과 금액	
		2천만원 초과 ⇨ 50% 이하 금액	

• 예정신고 또는 확정신고 납부의 경우 분납 가능하다.
• 분납 신청은 납부기한 내에 신청

01 지방세법령상 재산세의 물납에 관한 설명으로 옳은 것을 모두 고르면 몇 개인가? 제35회

> ㉠ 지방자치단체의 장은 재산세의 납부세액이 1천만원을 초과하는 경우에는 납세의무자의 신청을 받아 해당 지방자치단체의 관할구역에 있는 부동산에 대하여만 대통령령으로 정하는 바에 따라 물납을 허가할 수 있다.
>
> ㉡ 시장·군수·구청장은 법령에 따라 불허가 통지를 받은 납세의무자가 그 통지를 받은 날부터 10일 이내에 해당 시·군·구의 관할구역에 있는 부동산으로서 관리·처분이 가능한 다른 부동산으로 변경 신청하는 경우에는 변경하여 허가할 수 있다.
>
> ㉢ 물납을 허가하는 부동산의 가액은 물납 허가일 현재의 시가로 한다.

02 종합부동산세의 물납은 허용되지 않는다. (○, ×) 제32회

03 관할세무서장은 종합부동산세의 납부하여야 할 세액이 1천만원을 초과하면 물납을 허가할 수 있다. (○, ×)

제27회, 제29회

04 재산세 물납신청을 받은 시장·군수·구청장이 물납을 허가
하는 경우 물납을 허가하는 부동산의 가액은 물납허가일 현
재의 시가로 한다. (○, ×)   제24회, 제32회

05 서울특별시 강남구와 경기도 성남시에 부동산을 소유하고
있는 자의 성남시 소재 부동산에 대하여 부과된 재산세의 물
납은 성남시 내에 소재하는 부동산만 가능하다. (○, ×)
제28회

06 지방자치단체의 장은 재산세 납부세액이 1천만원을 초과하
는 경우 납세의무자의 신청을 받아 관할구역에 관계없이 해
당 납세자의 부동산에 대하여 법령으로 정하는 바에 따라 물
납을 허가할 수 있다. (○, ×)   제30회, 제24회

07 물납 신청 후 불허가 통지를 받은 경우에 해당 시·군·구의
다른 부동산으로의 변경신청은 허용되지 않으며 금전으로만
납부하여야 한다. (○, ×)   제28회

08 종합부동산세의 분납은 허용되지 않는다. (○, ×)   제32회

09 지방자치단체의 장은 재산세의 납부할 세액이 500만원 이하
인 경우 250만원을 초과하는 금액은 납부기한이 지난 날부터
3개월 이내 분할납부하게 할 수 있다. (○, ×)

10 관할세무서장은 종합부동산세로 납부하여야 할 세액이 400만원인 경우 최대 150만원의 세액을 납부기한이 경과한 날부터 6개월 이내에 분납하게 할 수 있다. (○, ×)

11 지방세에서 재산세의 납세의무자는 재산세의 납부세액이 250만원을 초과하는 경우, 납부할 세액의 전부를 분납할 수 있다. (○, ×)
제17회

12 재산세 납부세액이 250만원을 초과하여 재산세를 분할 납부하려는 자는 재산세 납부기한까지 법령으로 정하는 신청서를 시장·군수에게 제출하여야 한다. (○, ×)
제24회

13 거주자가 양도소득세 확정신고에 따라 납부할 세액이 3천 600만원인 경우 최대 3천 600만원까지 분할납부할 수 있다.
(○, ×)

14 재산세에서 물납 허가하는 부동산의 가액은 재산세 납부개시일 현재의 시가에 의한다. (○, ×)

15 예정신고납부할 세액이 1천 5백만원인 자는 그 세액의 100분의 50의 금액을 납부기한이 지난 후 2개월 이내에 분할납부할 수 있다. (○, ×)
제33회

16 종합부동산세로 납부해야 할 세액이 200만원인 경우 관할세무서장은 그 세액의 일부를 납부기한이 지난 날부터 6개월 이내에 분납하게 할 수 있다. (○, ×)

제33회

17 물납 및 분납 신청할 지방세는 납부기한 10일 전까지 물납 및 분납을 신청하고 허가받아야 한다. (○, ×)

18 재산세에 병기 고지되는 소방분 지역자원시설세는 물납대상에 포함된다. (○, ×)

19 공공사업의 시행자에게 수용되어 발생한 양도소득세액이 2천만원을 초과하는 경우 납세의무자는 물납을 신청할 수 있다. (○, ×)

제25회, 제33회

정답

1. 2개(㉠, ㉡)
   ㉢ 물납허가일 ⇨ 과세기준일   2. ○
3. ×, 물납 없다.   4. ×, 과세기준일 현재 시가   5. ○
6. ×, 관할구역 내 부동산만 물납 가능
7. ×, 관할구역 내 다른 부동산으로 변경신청 가능
8. ×, 분납가능   9. ○   10. ○   11. ×, 전부 ⇨ 일부
12. ○   13. ×, 최대 1,800만원
14. ×, 재산세 납부개시일 ⇨ 과세기준일
15. ×, 1천만원 초과 금액으로 납부기한이 지난 후 2개월 이내에 분할납부
16. × 250만원 초과 경우 분납할 수 있다.
17. ×, 분납은 납부기한 내 신청
18. ×, 지역자원시설세는 물납 없다.
19. ×, 물납 없다(물납은 재산세만 있다).

지방세 신고납부기간

출제경향 ⇨ 시험범위 내의 지방세에서 신고납부되는 세목은 취득세와 등록면허세이다. 취득세의 부과징수방법은 신고납부로 법정 신고납부기간이 취득세의 총괄적 문제에서 출제되고 있으며, 가산세와 연관되어 출제되고 있다. 취득세의 신고납부기간을 알면 등록면허세는 금방 알게되고 비교됩니다.

1. 취득세 신고납부

일반적인 경우	취득일~60일 내 신고납부	
토지허가구역 내에서 허가받기 전에 대금완납한 경우	허가일~60일 내 신고납부	
취득 후 중과세율 적용	60일 내 신고납부	가산세 제외
비과세받은 후 부과 경우		
예외	상속으로 취득	상속개시일이 속하는 **달의 말일~6개월 내**
	증여로 취득 (부담부증여 포함)	취득일이 속하는 **달의 말일~3개월 내**
	신고납부기한 내에 공부에 등기 · 등록하려는 경우	등기 · 등록 **신청서 접수하는 날까지** 신고납부

주거용 건축물을 취득한 날부터 **60일 이내에** 주거용이 아닌 용도로 사용하거나 주택으로 보지 아니한다.

「부동산등기법」에 따라 채권자대위권에 의한 등기신청하려는 **채권자대위자는** 납세의무자를 **대위하여** 부동산취득에 대한 취득세를 **신고납부할 수 있다.** 지방자치단체의 장은 채권자대위자의 부동산의 등기에 대한 취득세·등록면허세 신고납부가 있는 경우 납세의무자에게 그 사실을 즉시 통보하여야 한다.

---

2. 등록면허세 신고납부

---

① 원칙 : **등록**하려는 자는....**등록을 하기 전까지 신고**하고 납부
② 등록면허세를 비과세·경감받은 **후에 등록면허세 부과대상이 되었을** 때에는 그 사유발생일부터 **60일 이내에** 해당 세액**(가산세는 제외)**을 **신고**하고 **납부**하여야 한다.

신고의무를 다하지 아니한 경우에도 등록면허세 산출세액을 **등록을 하기 전까지 납부**하였을 때에는 **신고를 하고 납부**한 것으로 본다. 이 경우 **무신고에 따른 가산세**를 부과하지 **아니한다.**

│ 문제풀이 요령 │ 등록면허세의 문제의 문장에 "**등록하기 전까지 납부**"란 말이 있으면 개별적 **문제의 key**로 잡고 point는 "**무신고 가산세 부과하지 아니한다.**" 이다.

---

3. 면세점 ⇨ 취득가액이 50만원 이하 취득세 징수

등록면허세는 면세점 및 소액징수면제가 없다. 등록에 대한 등록면허세는 세액이 6,000원 미만인 경우에는 6,000원으로 과세한다.

4. 사실과세(= 실질과세) ⇨ 등기등록에 관계없이

문제풀이 요령 **등록면허세를 제외**한 나머지 세목에서 **미등기**란 말이 있으면 끝말은 과세한다. 또 공부상현황과 **사실상현황이 다르다면 사실에 따른**다.

주의 재산세에서 "재산세의 과세대상 물건을 **공부상 등재현황과 달리 이용** 또는 **허가 등을 받지 않고** 재산세의 과세대상 물건을 이용 또는 **일시적으로 공부상 등재현황과 달리 사용**함으로로 **재산세의 세부담이 낮아지는 경우**는 **공부상 등재현황에 따**라 재산세를 부과한다.

01 지방자치단체의 장은 채권자대위자의 부동산의 등기에 대한 등록면허세 신고납부가 있는 경우 납세의무자에게 그 사실을 즉시 통보하여야 한다. (○, ×)　　　　　　제33회

02 상속으로 취득세 과세물건을 취득한 자는 상속개시일로부터 6개월 이내에 과세표준과 세액을 신고·납부하여야 한다.
(○, ×) 제17회, 제25회, 제31회, 제33회

03 취득세 과세물건을 취득한 후에 그 과세물건이 중과세율의 적용대상이 되었을 때에는 취득한 날부터 60일 이내에 중과세율을 적용하여 산출한 세액에서 이미 납부한 세액(가산세 포함)을 공제한 금액을 신고하고 납부하여야 한다. (○, ×)
제21회, 제27회, 제31회, 제32회

04 증여(부담부증여 제외)에 의해 취득세 과세물건을 취득한 경우 취득일로부터 60일 내에 신고납부 하여야한다. (○, ×)
제17회 기출 변형

05 부동산의 취득은 「민법」 등 관계 법령에 따른 등기·등록 등을 하지 아니한 경우라도 사실상 취득하면 취득한 것으로 본다. (○, ×) 제23회, 제25회, 제26회, 제27회, 제32회

06 미등기부동산을 임대하고 그 대가로 받는 것은 부동산임대에 의한 사업소득으로 종합소득 과세하지 아니한다. (○, ×)

제23회

07 재산권을 공부에 등기하려는 경우에는 등기한 후 60일 내에 취득세를 신고·납부하여야 한다. (○, ×) 제25회 기출변형

08 토지를 취득한 자가 취득한 날로부터 1년 이내에 그에 인접한 토지를 취득한 경우 그 취득가액이 100만원일 때에는 취득세를 부과하지 아니한다. (○, ×) 제25회, 제31회, 제33회

09 취득세의 부과징수 방법은 보통징수 방법에 의한다.

(○, ×) 제26회, 제33회

10 부동산등기에 대한 등록면허세로서 세액이 6,000원 미만인 경우 등록면허세 징수하지 아니한다. (○, ×)

제16회, 제22회, 제29회

11 재산세의 과세대상 물건이 공부상 등제 현황과 사실상의 현황이 다른 경우에는 공부상 등재 현황에 따라 재산세를 부과한다. (○, ×) 제30회

12 재산세의 과세대상 물건을 재산세 과세기준일 현재의 사용이 일시적으로 공부상 등재현황과 달리 사용하는 것으로 인정되는 경우로 재산세 부담이 낮아지는 경우에는 공부상 등재현황에 따라 재산세를 부과한다. (○, ×) 기출 응용

정답

1. ○
2. ×, 상속개시일이 속한 달의 말일로부터 6개월 이내
3. ×, 가산세 제외
4. ×, 부담부증여 포함, 취득일이 속한 달의 말일로부터 3개월 내
5. ○
6. ×, 미등기 - 과세한다.
7. ×, 등록 - 등기하기 전까지 신고납부
8. ×, 취득가액이 50만원 이하
9. ×, 신고납부
10. ×, 등록면허세 세액이 6천원 미만이면 6,000원으로 징수
11. ×, 사실상 현황에 의한다.
12. ○

취득세 과점주주

> **출제빈도** 제15회, 제18회, 제20회, 제23회, 제24회, 제26회, 제29회 기출
>
> **출제경향** ⇨ 과점주주의 뜻과 과점주주의 지분율이 변동하였을 때, 과세여부에 대한 문제가 출제되고 있다. 이에 대한 지문은 길게 출제되니, 이해와 더불어 문장의 키워드로 문제푸는 게 요령이다.

1. 과점주주

> ① 과점주주란 ⇨ 법인(**상장 제외**)의 발행주식 총액의 50% **초과** 소유
> ② 법인의 주식 또는 지분을 취득함으로써 과점주주가 되었을 때에는 그 과점주주가 해당 법인의 부동산 등(= 취득세 과세대상물)을 <u>취득한 것으로 본다.</u>
>   ↳ **지분율만큼** 취득
> ③ 법인 **설립시** 에...취득으로 **보지 아니**한다.

④ 지분율 변동시 과점주주의 납세의무

> ㉠ ..증자...<u>최초로 과점주주가 된 경우</u>...모두
> ㉡ ..과점주주가..증가된 경우 ⇨ 증가분을 취득
>   단, 증가된 후의 비율이 해당 **과점주주가** 이전에 가지고 있던 주식등의 <u>최고비율보다 증가되지 아니한 경우</u>에는 취득세를 부과하지 **아니한다.**   ↳ 총 주식비율의 변동없는 경우

┌───┐
│ ⓒ ...**다시 과점주주가 된 경우**에는....**그 증가분만**을 취득으로... │
│ 부과한다.   └ (= 후 과점주주지분   │
│   - 종전 과점주주의 지분의 차이난 비율)   │
└───┘

기출문제 •

01 **지방세법상 과점주주의 취득세가 과세되는 경우가 아닌 것**
은 모두 몇 개인가?   제29회

┌───┐
│ ㉠ 비상장법인 설립시에 발행하는 주식을 취득함으로써   │
│   과점주주가 된 경우   │
│ ㉡ 과점주주가 아닌 주주가 다른 주주로부터 주식을 취득   │
│   함으로서 최초로 과점주주가 된 경우   │
│ ㉢ 이미 과점주주가 된 주주가 해당 비상장법인의 주식을   │
│   취득하여 해당법인의 주식 총액에 대한 과점주주가 가   │
│   진 주식의 비율이 증가된 경우   │
│ ㉣ 과점주주 집단 내부에서 주식이 이전되었으나, 과점주   │
│   주집단이 소유한 총주식의 비율에 변동이 없는 경우   │
└───┘

02 법인설립시 발행하는 주식을 취득함으로써 지방세기본법에
   따른 과점주주가 되었을 때에는 그 과점주주가 해당 법인의
   부동산 등을 취득한 것으로 본다. (○ , ×)

                   제15회, 제19회, 제23회, 제26회, 제29회

03 비상장 A법인의 주주인 甲이 과점주주가 됨으로써 과세되는 취득세의 과세표준은 얼마인가? 기출변형

1. 증자 전 자산가액
   - 건물: 4억원
   - 토지: 5억원
   - 차량: 1억원
   - 골프장: 5억원
   - 고급오락장: 5억원
2. 주식 발행 현황
   - 설립시 발행주식총수: 50,000주
     - 2025.10.5. 증자발행주식총수: 100,000주
   - 甲의 A 법인 주식취득 현황
     - A법인 설립시 20,000주 취득
     - 2025.10.5. 증자로 40,000주 추가취득

04 거주자 甲의 A비상장법인에 대한 주식보유 현황은 아래와 같다. 2025년 9월 15일 주식 취득시 지방세법상 A법인 보유 자산 중 甲의 취득으로 간주되는 지분비율은? 제20회

㉠ 2009년 1월 1일 설립시

발행주식: 1만주

보유주식수: 5천주

㉡ 2011년 4월 29일 주식 취득 후

발행주식: 1만주

보유주식수: 6천주

㉢ 2012년 7월 18일 주식 양도 후

발행주식: 1만주

보유주식수: 4천주

㉣ 2025년 9월 15일 주식 취득시

발행주식: 1만주

보유주식수: 8천주

정답

1. 2개(㉠, ㉣)
2. ×, 설립시 취득이 아니다.
3. 20억원 × 60% = 12억원
4. 20%

취득세 과세

출제빈도 제3회~제35회 기출

출제경향 ⇨ 취득세의 과세에 관한 문제는 **취득세의 비과세**, 취득세과세되는 경우로 **유상취득, 상속취득, 증여취득의 구별** 문제가 자주 출제되고 있다.

취득세는 취득세 과세대상물에 해당되고 비과세에 해당되지 아니한 취득에 대해 취득세 과세한다.

1. 취득세 과세대상물(제3회, 제17회, 제26회 기출)

부동산(토지·건축물), 차량(모든 차량), 기계장비(건설기계로 중장비로 외움), 선박(모든 배), 항공기(사람탑승 비행기), 광업권, 어업권, 양식업권, 종합체육시설물회원권, 입목, 콘도미엄회원권, 골프회원권, 승마회원권, 요트회원권

암기요령 **부** **차** **중** **배** 타고 **비** 행기타고 **광** **어** **양식** 하자. **종** 합적으로 **입** 벌리고 **코** 골며 **승** 마타 **요**

문제풀이 요령 ○○권은 **회원권, 광업권, 어업권, 양식업권**만 취득세 과세대상물에 해당된다. ⇨ 사치성 재산인 골프장·고급오락장·고급주택·고급선박 ⇨ 이 단어가 문장 안에 있으면 **무조건** 취득세 <u>과세한다</u>.

2. **취득세 비과세**(제16회, 제19회, 제23회, 제28회, 제29회, 제
   30회, 제31회, 제32회, 제33회, 제35회 기출)

> ① 국가 또는 지자체의 자기를 위한 취득 − 비과세
>   단, 외국정부는 상호면세주의

② **▌문제풀이 요령 ▌**

취득세 부과여부의 문제에서, 국가·지방자치단체 등에 "귀속,
기부체납 조건"으로 끝나면 **비과세**이다(= 부과하지 아니한
다). 연결하여 "이행하지 아니하고, **반대급부로**, 무상사용권을
제공 받은 경우"**있으면 부과한다.**

③ **▌문제풀이 요령 ▌**

..신탁등기가 병행된 신탁재산"이란 구절을 문제의 **key word**
로 잡고, **조합·명의 신탁이있으면** 취득세 부과한다. 조합 또
는 명의 신탁 **없으면** 취득세 **부과하지 아니한**다.

> **주의** 신탁…**위탁자의 지위 이전**…(이는 실질적인 소유권의변
> 동이 있는 경우를 의미하므로) ⇨ **취득세 과세**(누구에게 : **새**
> **로운 위탁자**에게)

> ④ ..**법** ...환매권행사로.취득 ⇨ 취득세 비과세
> **주의** 환매...취득세 과세(표준세율에서 중과기준세율을 뺀 세
> 율로 과세)

⑤

존속기간 1년 초과하지 아니한 **임시**	취득세 비과세
존속기간 **1년 초과**한 임시 건축물 **사치성 재산**은 존속기간에 관계없이	취득세 부과한다.

⑥ ▎**문제풀이 요령** ▎

> 취득세 부과여부의 문장에서, **"공동주택의 개수"** 있으면...
> 끝말은... **취득세 부과하지 아니한다.**

▎주의▎ 대수선은 부과 · 개수는 증가한 경우 부과한다.

▎**기출문제** ▶

01 존속기간이 1년을 초과하지 아니하는 임시용 건축물을 취득
하는 경우, 취득세는 과세된다. (○, ×)   제20회

02 공사현장사무소 등 임시건축물의 취득에 대하여는 그 존속
기간에 관계없이 취득세를 부과하지 아니한다. (○, ×)

제33회

03 주택법 제2조 제3호에 따른 공동주택의 개수(대수선은 제외함)로 인한 취득 중 개수로 인한 취득 당시 지방세법에 따른 주택의 시가표준액이 9억원 이하인 주택과 관련된 개수로 인한 취득에 대해서는 취득세를 부과한다. (○, ×)

제28회

04 지방세법령상 취득세에 관한 설명으로 틀린 것은? (단, 지방세특례제한법령은 고려하지 않음)

제35회

① 대한민국 정부기관의 취득에 대하여 과세하는 외국정부의 취득에 대해서는 취득세를 부과한다.

② 토지의 지목을 사실상 변경함으로써 그 가액이 증가한 경우에는 취득으로 본다.

③ 국가에 귀속의 반대급부로 영리법인이 국가 소유의 부동산을 무상으로 양여받는 경우에는 취득세를 부과하지 아니한다.

④ 영리법인이 취득한 임시흥행장의 존속기간이 1년을 초과하는 경우에는 취득세를 부과한다.

⑤ 신탁(「신탁법」에 따른 신탁으로서 신탁등기가 병행되는 것만 해당한다)으로 인한 신탁재산의 취득 중 주택조합 등과 조합원 간의 부동산 취득에 대해서는 취득세를 부과한다.

05 대한민국 정부기관의 취득에 대하여 과세하는 외국정부의 취득에 대해서는 취득세를 부과한다. (○, ×) 제32회

06 국가 및 외국정부의 취득에 대해서는 취득세를 부과한다.

(○, ×) 제31회

07 지방자치단체에의 기부채납을 조건으로 부동산을 취득 등기하는 경우, 취득세는 과세된다. (○, ×) 제20회

08 **「지방세법」상 신탁(「신탁법」에 따른 신탁으로서 신탁등기가 병행된 것임)으로 인한 신탁재산의 취득으로서 취득세를 부과하는 경우는 모두 몇 개인가?** 제29회

> ㉠ 위탁자로부터 수탁자에게 신탁재산을 이전하는 경우
> ㉡ 신탁의 종료 또는 해지로 인하여 수탁자로부터 위탁자에게 신탁재산을 이전하는 경우
> ㉢ 수탁자가 변경되어 신수탁자에게 신탁재산을 이전하는 경우
> ㉣ 「주택법」에 따른 주택조합이 비조합원용 부동산을 취득하는 경우

09 법령이 정하는 고급오락장에 해당하는 임시건축물의 취득에 대하여는 존속기간에 상관없이 취득세를 부과하지 아니한다.

(○, ×) 제23회

3. 취득세 과세되는 경우의 거래

"취득세 과세대상물에 해당되고 비과세에 해당되지 않았으면 취득세 과세이다." 하면 되고. 취득세 **세율에 적혀있는 거래는 과세되는 거래**이다. 취득세 과세되는 거래에서 **원시취득, 유상취득, 상속취득, 증여취득의 취득세 세율이 다르니 취득 구별에 유념**하셔야 합니다.

① 원시취득으로 취득세 과세

- 공유수면매립
- 건축물의 신축·재축
- 건축물의 증축·개축은 면적 증가분을 원시취득으로 과세
  주의 차량·기계장비·항공기 및 건조하는 선박은 원시취득은 과세않고 승계취득의 경우에 한하여 과세한다.

② 재산의 증가는 이루어지지 않으나 소유권등기로 취득세 과세

소유권등기로 과세	• 건축물의 **이전** • 공유물의 재산 **분할**

③ 유상취득으로 취득세 과세

유상취득으로과세	• 매매 • **교환** • 대물변제

증여자의 채무를 인수하는 부담부증여의 경우	채 무	유상 취득
	채무 외 **나머지**	**증여** 취득

| 문제풀이 요령 | "배우자 간 · 직계존비속 간"을 keyword로..대가입증, 파산선고,,교환,,경 · 공매로 연결되면 **유상취득으로 본다.**

"배우자 간 · 직계존비속 간"을 keyword로. 대가입증 · 파산선고 · 교환 · 경 · 공매...단어 없이 **다른 단어로** 연결되면 **증여 취득으로** 본다.

☑ 배우자 또는 직계존비속으로부터 부동산 등을 부담부증여로 취득 경우는 증여취득으로 본다.

④ 증여취득으로 취득세 과세하는 경우

상속개시되어 상속재산에 대해 각 상속인의 상속분이 확정되어 **상속등기된 후** 당초 상속재산을 <u>**초과하여 취득**</u>한 경우에는 초과분을 **증여 취득으로 본다.**
주의 **상속회복청구권의** 소에 의한 법원의 확정판결에 의하여 상속인 및 상속재산에 변동이 있는 경우는 **그러하지 아니**하다.

⑤ 간주 취득으로 취득세 과세하는 경우

㉠ 토지지목변경 ⇨ **증가**한 경우 증가분 **취득**
㉡ 개수 ⇨ **증가**한 경우 증가분을 **취득**

01 토지의 지목을 사실상 변경함으로써 그 가액이 증가한 경우에는 취득으로 보지 아니한다. (○, ×) 제32회, 제35회

02 경매를 통하여 배우자의 부동산을 취득하는 경우에는 유상으로 취득한 것으로 본다. (○, ×) 제34회

03 형제자매인 증여자의 채무를 인수하는 부동산의 부담부증여의 경우에는 그 채무액에 상당하는 부분은 부동산을 유상으로 취득하는 것으로 본다. (○, ×) 제34회

04 부동산의 승계취득은 「민법」 등 관계 법령에 따른 등기를 하지 아니한 경우라도 사실상 취득하면 취득한 것으로 보고 그 부동산의 양수인을 취득자로 한다. (○, ×) 제34회

05 권리의 이전이나 행사에 등기 또는 등록이 필요한 부동산을 직계존속과 서로 교환한 경우에는 무상으로 취득한 것으로 본다. (○, ×) 제27회, 제32회

06 증여자가 배우자 또는 직계존비속이 아닌 경우 증여자의 채무를 인수하는 부담부 증여의 경우에는 그 채무액에 상당하는 부분은 부동산 등을 유상으로 취득하는 것으로 본다.

(○, ×) 제26회, 제32회

07 「지방세법」상 취득세가 부과되지 않는 것은? 제30회

① 「주택법」에 따른 공동주택의 개수(「건축법」에 따른 대수선 제외)로 인한 취득 중 개수로 인한 취득 당시 주택의 시가표준액이 9억원 이하인 경우

② 형제 간에 부동산을 상호교환한 경우

③ 직계존속으로부터 거주하는 주택을 증여받은 경우

④ 파산선고로 인하여 처분되는 부동산을 취득한 경우

⑤ 「주택법」에 따른 주택조합이 해당 조합원용으로 조합주택용 부동산을 취득한 경우

정답

1. ×, 지목변경 − 증가 − 취득
2. ○
3. ○
4. ○
5. ×, 교환 − 유상 취득
6. ○, 부담부증여 − 채무 − 유상취득
7. ①

4. 취득세 납세의무(제12회, 제13회, 제14회, 제26회, 제27회, 제33회, 제34회)

(1) 취득세의 납세의무자

① 원칙: 사실상취득자

등기·등록 등을 이행하지 아니한 경우라도 사실상으로 취득한 때에는 각각 **취득한 것으로** 보고 당해 취득물건의 **소유자 또는 양수인**을 각각 취득자로 한다.

KEY

① ...**설비...하나가 되어...** ⇨ **주체구조부취득자**

② .....지목변경...⇨ 소유자

③ 외국인소유.....임차하여 수입 ⇨ 수입자

④ 상속(유증포함).....⇨ **상속인** (상속인 각자)

⑤ ....**조합이..조합원용....**⇨ **조합원이** 취득

⑥ ...**환지** ⇨ **조합원이 취득**

⑦ ....**체비지·보류지** ⇨ **사업시행자 취득**

---

01 「도시개발법」에 따른 환지방식에 의한 도시개발사업의 시행
으로 토지의 지목이 사실상 변경됨으로써 그 가액이 증가한 경
우에는 그 환지계획에 따라 공급되는 환지는 사업시행자가, 체
비지 또는 보류지는 조합원이 각각 취득한 것으로 본다.

(○, ×) 제34회

02 건축물의 조작 기타 부대설비에 속하는 부분으로서 그 주체
구조부와 하나가 되어 건축물의 효용가치를 이루고 있는 것
이라 하더라도 주체구조부 취득자 이외의 자가 가설한 경우
에는 이를 가설 한자가 납세의무를 진다. (○, ×)

제12회, 제26회, 제32회

03 「주택법」에 따른 주택조합과 「도시 및 주거환경정비법」 및 「빈
집 및 소규모주택 정비에 관한 특례법」에 따른 "주택조합등"이
해당 조합원용으로 취득하는 조합주택용 부동산(공동주택과
부대시설·복리시설 및 그 부속토지를 말한다)은 그 조합원
이 취득한 것으로 본다. (○, ×)   제12회, 제15회, 제19회, 제27회

04 부동산의 취득은 민법 등 관계 법령에 따른 등기를 하지 아니한 경우라도 사실상 취득하면 취득한 것으로 본다. (○, ×)

제23회, 제25회, 제26회, 제27회, 제32회

취득세 취득시기

> **출제빈도** 제14회, 제15회, 제16회, 제24회, 제28회, 제30회,
> 제31회, 제32회, 제34회
>
> **문제푸는 요령** 선 다 ①~⑤에서 마침표 앞에 "취득일로 본
> 다." 또는 각 거래의 "취득세의 납세의무 성립일"이면 **취득세
> 취득시기" 문제구나 생각하시고**, 각 거래마다 그 거래 특성상
> 취득으로 볼 수 있는 날 중 '**빠른 날**'을 point로 잡으세요.

1. 각 취득 거래마다의 취득시기

취득의 구분	취득시기
① **유상취득**	**사실상잔금지급일과 등기일 중 빠른 날** ㉠ 사실상잔금지급일을 확인할 수 없는 경우 : 계약서상의 잔금 지급일 ㉡ 계약서상잔금지급일이 명시되지 아니한 경우 : 계약일로부터 60일이 경과되는 날
② **무상취득**	**증여** 취득 ⇨ 계약일과 등기일 중 빠른 날 **상속** 취득 ⇨ 상속개시일

취득세의 문제에서 ..**"계약해제"**란 개별적 문제 key 단어가 문장상에 있으면 "계약해제"단어 **앞에** <u>등기·등록하지</u> **아니**하고 이 말이 있어야 된다. 그 뒤는 **취득세 신고기한(60일) 내 계약해제 입증**이 나올 때...<u>끝말은</u> **취득한 것으로 보지 아니**한다.

③ **연부 취득**	사실상 **연부금 지급**일과 등기일 중 **빠른 날**

④ 원시취득

   ㉠ 건축물을 건축 또는 개수하여 취득하는 경우 : 사용승인서 내주는 날과 사실상의 사용일 중 **빠른 날**

     ⓐ 사용승인서를 내주기 전에 임시사용승인을 받은 경우 임시사용승인일과 사실상사용일 중 **빠른 날**

㉡ 매립·간척	공사준공인가일

공사준공인가일 전에 사용승낙·허가를 받거나 사실상 사용하는 경우에는 사용승낙일·허가일 또는 사실상 사용일 중 **빠른 날**을 취득일

   ㉢ 「**주택법**」에 따른 주택조합이 주택건설사업을 하면서 **조합원으로부터 취득하는 토지 중 조합원에게 귀속되지 아니하는 토지를 취득**하는 경우에는 「주택법」에 따른 **사용검사를 받은 날**에 그 토지를 취득한 것으로 본다.

㉣ 「도시 및 **주거환경정비법**」에 따른 재건축조합이 재건축사
업을 하거나 「빈집 및 소규모주택 정비에 관한 특례법」에
따른 소규모재건축조합이 소규모재건축사업을 하면서 조
합원으로부터 취득하는 토지 중 조합원에게 귀속되지 아니
하는 토지를 취득하는 경우에는 「도시 및 주거환경정비법」
또는 「빈집 및 소규모주택 정비에 관한 특례법」에 따른 소유
권이전 고시일의 **다음 날**에 그 토지를 취득한 것으로 본다.

| **문제풀이 요령** | 문제가 취득세의 취득시기에서 문장의 첫글
자가 「**주택법**」일 때 끝말은 **사용검사받은 날**이다. 문장의 첫글
자가 「**..주거환경정비법**」일 때 ... 끝말은 **소유권 이전 고시일**
다음날

⑤ 기 타

토지의 지목변경	사실상 변경된 날과 공부상 변경된 날 중 **빠른 날**

다만, 토지의 지목**변경일 전에 사용** ⇨ 사실상의 **사용일**	

재산 분할로 인한 취득	등기일
점유에 의한 취득	

01 상속으로 인한 취득의 경우에는 상속개시일에 취득한 것으로 본다. (○, ×)

제32회

02 甲이 乙로부터 증여받은 것이라면 그 계약일과 등기일 중 **빠른날**에 취득세 납세의무가 성립한다. (○, ×)

제32회

03 토지의 지목변경에 따른 취득은 토지의 지목이 사실상 변경된 날을 취득일로 본다. (○, ×)

제31회

04 「도시 및 주거환경정비법」에 따른 재건축조합이 재건축 사업을 하면서 조합원으로부터 취득하는 토지 중 조합원에게 귀속되지 아니하는 토지를 취득하는 경우에는 같은 법에 따른 준공인가일에 그 토지를 취득한 것으로 본다. (○, ×)

제32회, 제28회

05 부동산을 연부로 취득하는 것은 그 사실상의 최종연부금 지급일을 취득일로 본다. (○, ×)

제24회

06 지방세기본법령 및 지방세법령상 취득세 납세의무의 성립에 관한 설명으로 틀린 것은? 제34회

① 상속으로 인한 취득의 경우에는 상속개시일이 납세의무의 성립시기이다.

② 부동산의 증여계약으로 인한 취득에 있어서 소유권이전등기를 하지 않고 취득일이 속하는 달의 말일로부터 3개월 이내에 공증받은 공정증서로 계약이 해제된 사실이 입증되는 경우에는 취득한 것으로 보지 않는다.

③ 유상승계취득의 경우 사실상의 잔금지급일을 확인할 수 있는 때에는 사실상의 잔금지급일과 등기일 중 빠른 날이 납세의무의 성립시기이다.

④ 「민법」에 따른 이혼시 재산분할로 인한 부동산 취득의 경우에는 취득물건의 등기일이 납세의무의 성립시기이다.

⑤ 「도시 및 주거환경정비법」에 따른 재건축조합이 재건축사업을 하면서 조합원으로부터 취득하는 토지 중 조합원에게 귀속되지 아니하는 토지를 취득하는 경우에는 준공인가 고시일의 다음 날이다.

07 관계 법령에 따라 매립·간척 등으로 토지를 원시 취득하는 경우로서 공사준공인가일 전에 사실상 사용하는 경우에는 사실상 사용일을 취득일로 본다. (○, ×)　　　제28회

08 **지방세법상 취득의 시기에 관한 설명으로 틀린 것은?**　제30회
　① 상속으로 인한 취득의 경우: 상속개시일
　② 공매방법에 의한 취득의 경우: 그 사실상의 잔금지급일과 등기일 또는 등록일 중 빠른 날
　③ 건축물을 건축하여 취득하는 경우로서 사용승인서를 내주기 전에 임시사용승인을 받은 경우: 그 임시사용승인일과 사실상의 사용일 중 빠른 날
　④ 민법 제839조 2에 따른 재산분할로 인한 취득의 경우: 취득물건의 등기일 또는 등록일
　⑤ 관계 법령에 따라 매립으로 토지를 원시취득하는 경우: 취득물건의 등기일

정답

1. ○
2. ○
3. ×, 빠른 날
4. ×, 소유권이전 고시일의 다음 날
5. ×, 연부금 지급일과 등기일 중 빠른 날
6. ⑤ 소유권이전 고시일의 다음 날
7. ○
8. ⑤ 매립은 공사준공인가일

취득세 과세표준

출제빈도 제11회, 제12회, 제14회, 제16회, 제18회, 제20회, 제22회, 제25회, 제26회, 제27회, 제29회, 제31회, 제35회 기출

출제경향 ⇨ 취득세의 과세표준은 지방세법이 시험범위에 포함된 시험에서는 절대적으로 출제되는 테마이다. 취득세의 과세 표준은 2022년에 개정되어 **2023년 1월**부터 시행되는 내용으로 예전부터 문제 자주 출제되는 part였고 23년에 개정 시행되었으니 중요부분입니다. 정리를 잘 하시길 바랍니다. 유튜브 무료 동영상으로 정리해드리겠습니다.

1. 취득세 과세표준

취득세의 과세표준은 **취득 당시의 가액**으로 한다. 다만, **연부(年賦)로 취득하는 경우**에는 **연부금액(매회 지급되는 금액)**으로 한다.

2. 취득의 구분에 따른 취득당시가액

유상취득	사실상 취득가
특수 관계인과의 거래로서 부당행위계산 ⇨ 지자체장이 시가인정액을 취득당시가액으로 인정할 수 있다.	
부담부증여로 채무상당액은 사실상취득가액을 적용하고 나머지부문은 증여취득으로 과세표준 정한다.	

구 분			취득당시가액
무상 취득	상속취득		시가표준액
	증여 취득	원 칙	시가인정액
		예 외	시가인정액을 산정하기 어려운 경우: 시가표준액
			취득물건에 대한 시가표준액이 1억원 이하인 부동산: 시가인정액과 시가 표준액 중 납세자가 정하는 가액

원시취득, 건축물의 개수	사실상 취득가

법인이 아닌 자가 건축물을 건축하는 경우로서 사실상취득가액을 **확인할 수 없는 경우**에는 시가**표준액**으로 한다.

교 환	교환을 원인으로 이전 받는 부동산 등의 시가인정액과 이전하는 부동산 등의 시가**인정액 중 높은 가액**
대물변제	**대물변제액**(다만, 대물변제액이 시가인정액을 초과하는 경우에는 시가인정액으로 한다)
양도담보	양도담보에 따른 채무액(다만, 채무액이 시가인정액을 초과하는 경우는 시가인정액으로 한다)

	변경으로 증가한 가액에 해당하는 **사실상취득가액**
토지 지목변경	사실상 취득가액을 **알 수 없을 때**에는 <u>변경 후 시 가표준액에서 변경 전 시가표준액을 뺀 가액</u>으로 한다.

3. 사실상 취득가

① 취득가격은 **취득시기를 기준으로 그 이전에** 해당 물건을
취득하기 위하여 거래 상대방에게 지급한 직접비용과 다음
㉠~ Ⓐ의 하나에 해당하는 간접비용의 합계액을 말한다.
(취득하기 위해 실제로 돈 준 금액으로 생각하세요)
분양가 > 실제 지출금액 ⇨ 실제 지출금액
분양가 < 실제 지출금액 ⇨ 실제 지출금액

다음 비용은 취득가격에 **포함하지 아니함**
ⓐ ..**광고선전비** 등의 판매비용
ⓑ **전기 · 가스등을 이용**하는 자가 분담비용
ⓒ 이주비, 지장물 보상금 등 취득물건과는 별개의 권리에 관
한 보상 성격으로 지급 비용
ⓓ **부가가치세**

☒ 취득대금을 **일시급** 등으로 지급하여 일정액을 할인받은 경
우에는 그 **할인된** 금액으로 한다.
☒ 할인**받은 금액**은 포함되지 아니한다.

○ 건설자금에 충당한 차입금의 이자 또는 이와 유사한 금융
비용. 단, 법인이 아닌 자는 제외

구 분	취득세(취득가액)	
	개인 취득자	법인 취득자
할부이자 · 연부이자 · 건설자금이자연체료 · 중개보수	**불포함**	포함

ⓒ 농지보전부담금(= 농지 전용부담금)

ⓔ 취득에 필요한 용역을 제공받은 대가로 지급하는 **용역비 · 수수료(이는 측량수수료 의미)**

ⓜ **취득대금 외에 당사자의 약정에 따른 취득자 조건 부담액과 채무인수액**

ⓗ 부동산을 취득하는 경우 매입한 국민**주택**채권을 해당 부동산의 취득 이전에 양도함으로써 발생하는 **매각차손**

ⓢ 붙박이 가구 · 가전제품 등 건축물에 부착되거나 일체를 이루면서 건축물의 효용을 유지 또는 증대시키기 위한 설비 · 시설 등의 설치비용

01 지방세법령상 취득세의 취득당시가액에 관한 설명으로 옳은 것은? (단, 주어진 조건 외에는 고려하지 않음) 제35회

① 건축물을 교환으로 취득하는 경우에는 교환으로 이전받는 건축물의 시가표준액과 이전하는 건축물의 시가표준액 중 낮은 가액을 취득당시가액으로 한다.

② 상속에 따른 건축물 무상취득의 경우에는 「지방세법」 제4조에 따른 시가표준액을 취득당시가액으로 한다.

③ 대물변제에 따른 건축물 취득의 경우에는 대물변제액(대물변제액 외에 추가로 지급한 금액이 있는 경우에는 그 금액을 제외한다)을 취득당시가액으로 한다.

④ 법인이 아닌 자가 건축물을 건축하여 취득하는 경우로서 사실상취득가격을 확인할 수 없는 경우에는 시가인정액을 취득당시가액으로 한다.

⑤ 법인이 아닌 자가 건축물을 매매로 승계취득하는 경우에는 그 건축물을 취득하기 위하여 「공인중개사법」에 따른 공인중개사에게 지급한 중개보수를 취득당시가액에 포함한다.

02 개인·법인에게 관계없이 할부 또는 연부(年賦)계약에 따른 이자 상당액 및 연체료, 공인중개사에 지급한 중개보수는 사실상 취득가액에 포함한다. (○, ×)

03 취득대금을 일시급 등으로 지급하여 일정액을 할인받은 경우에는 계약서상의 약정금액을 사실상 취득가액으로 한다.

(○, ×)

04 법인이 아닌 자가 건축물을 건축하여 취득하는 경우는 시가인정액을 과세표준으로 한다. (○, ×)

제31회 변형

05 개인이 국가로부터 유상 취득하기 위하여 취득시기 이전에 지급하였던 금액으로 부동산의 취득세 과세표준을 사실상의 취득가격으로 하는 경우 이에 포함될 수 있는 항목을 모두 고르면?

제22회 변형

> ㉠ 취득대금을 일시금으로 지불하여 일정액을 할인받은 경우 그 할인받은 금액
> ㉡ 부동산의 건설자금에 충당한 차입금의 이자
> ㉢ 연불조건부 계약에 따른 이자상당액 및 연체료
> ㉣ 취득대금 외에 당사자 약정에 의한 취득자 채무인수액

06 국가로부터 유상취득하는 경우에는 신고가 없거나 그 신고가액이 시가표준액보다 적을 때에도 사실상의 취득가격을 과세표준으로 한다. (○, ×)

제28회

07 개인·법인 관계없이 토지의 지목변경에 대한 과세표준은 지목변경 전의 시가표준액에 그 비용을 더한 금액으로 한다.

(○, ×) 제24회 변형

08 다음은 유상취득 또는 원시취득의 경우 취득세 과세표준에 대한 설명이다. 옳은 것은?

① 취득시기 이전의 할부이자·연체이자는 법인·개인 모두 취득가액에 포함한다.

② 매매계약서상의 약정금액을 일시급조건으로 할인한 경우 할인 받은 금액이 취득세 과세표준이다.

③ 연부취득의 경우 취득세의 과세표준은 연부금총액이다.

④ 법인의 경우 부가가치세 등 취득에 소요된 직접·간접비용을 포함한다.

⑤ 당사자의 약정의 취득자 조건 부담액은 사실상 취득가액에 포함한다.

09 배우자로부터 증여에 의해 취득한 경우 취득세 과세표준은 사실상 취득가액으로 한다. (○, ×)

1. ②
   ① 건축물을 교환으로 취득하는 경우에는 교환으로 이전받는 건축물의 시가인정액과 이전하는 건축물의 시가인정액 중 높은 가액
   ③ 대물변제에 따른 건축물 취득의 경우에는 대물변제액(대물변제액 외에 추가로 지급한 금액이 있는 경우에는 그 금액을 포함한다). 사실상취득가격을 확인할 수 없는 경우에는 시가표준액
   ⑤ 개인 취득의 중개보수는 사실상 취득가액에 불포함
2. ×, 개인 불포함, 법인포함
3. ×, 할인된 금액
4. ×, 사실상취득가액
5. ② 1개
6. ○
7. ×, 지목변경 – 사실상 취득가액
8. ⑤
   ① 개인 불포함, 법인포함
   ② 일시급 – 할인된 금액
   ③ 연부취득 – 연부금액으로 매회지급금액
   ④ 부가가치세 제외
9. ×, 증여 취득 – 시가인정액

취득세의 세율은 차등비례세율로 1. 표준세율 2. 세율의 특례
3. 중과세율로 구성되어 있습니다. 시험은 표준세율이 자주 보
이고, 문제가 어려운 년도에 세율의 특례가 나온다는 것을 아
시고, 공부의 범위를 정하시면 됩니다.

**1. 취득세의 표준세율(제16회, 제17회, 제18회, 제23회, 제24회,
제26회, 제27회, 제30회, 제35회 기출)**

① 상속 취득	농지(논·밭·과수원·목장)	23/1,000	
	농지 이외 (임야, 나대지, 상가, 주택)	28/1.000	
② 유상	농지	30/1,000	
	농지 외 (임야, 나대지, 상가건물)	40/1,000	
	주택 (무주택자)	6억원	10/1,000
		6억원~ 9억원	[(취득가 × 2/3억원) − 3] × 100
		9억원 초과	30/1,000

③ 원시 취득	공유수면매립		28/1,000
	신축		
	증축·개수: 면적증가		

④ 증여 취득	일반	35/1,000
	비영리사업자(학교, 사회복지사업)	28/1,000

⑤ 공유·합유·총유물의 **분할** ⇨ 23/1,000

⑥ ·법인이 합병 또는 분할에 따라 농지취득 ⇨ 30/1,000
   ·법인이 합병 또는 분할에 따라 농지 외 취득 ⇨ 40/1,000

☑ **표준세율 암기 요령**

삼 **팔** **장** **땡** + 20/1,000
상속　유상
농지　법인합병
　　　농지

팔 **보** 채 (원시취득) + 20/1,000 = 28/1,000

광 **복** **절** (증여 취득) ⇨ 8 ·15 + 20/1,000
　　　　　　　　　　　　┗비영리(사회복지·학교)

삼 **분** + 20/1,000 = 23/1,000

유상 + **주택** ⇨ 6억원: 원 (10/1,000)

　　　　　　⇨ 9억원 초과: 쓰리 (30/1,000)

지방자치단체 장은 조례에 의하여 취득세의 세율을 **표준세율의 100분의 50 범위 안에서 가감 조정할 수** 있다. 탄력세율 적용시는 **해당년도에 한**한다(중과세율은 탄력세율이 적용 불).

01 지방세법령상 부동산 취득에 대한 취득세의 표준세율로 옳은 것을 모두 고르면? (단, 조례에 의한 세율조정, 지방세관계법령상 특례 및 감면은 고려하지 않음) 제35회

> ㉠ 상속으로 인한 농지의 취득 : 1천분의 23
> ㉡ 법인의 합병으로 인한 농지 외의 토지 취득 : 1천분의 40
> ㉢ 공유물의 분할로 인한 취득 : 1천분의 17
> ㉣ 매매로 인한 농지 외의 토지 취득 : 1천분의 19

02 농지를 상속 취득한 경우의 표준세율은 증여로 농지를 취득 경우의 취득세 표준세율과 동일하다. (○, ×)

03 건축물을 신축한 경우의 취득세의 표준세율과 비영리사업자가 증여 원인으로 상가 건축물을 취득한 경우 취득세의 표준세율은 동일하다. (○, ×)

04 상가건물을 증여 원인으로 취득한 경우의 취득세의 표준세율과 비영리사업자가 증여 원인으로 상가 건축물을 취득한 경우 취득세의 표준세율은 동일하다. (○, ×)

05 「지방세법」상 부동산 취득시 취득세 과세표준에 적용되는 표준세율로 틀린 것을 모두 몇개인가? <small>제23회, 제26회, 제27회 변형</small>

> ㉠ 상속으로 인한 농지취득: 1천분의 23
> ㉡ 합유물 및 총유물의 분할로 인한 취득: 1천분의23
> ㉢ 원시취득: 1천분의 28
> ㉣ 법령으로 정한 비영리사업자의 상속 외의 무상취득: 1천분의 28
> ㉤ 매매에 의한 농지 이외(주택 제외)의 취득: 1천분의 40
> ㉥ 증여에 의한 주택의 취득(취득가액 6억원): 1천분의 10

06 지방세법상 취득세의 표준세율이 가장 높은 것은? <small>제30회</small>
① 상속으로 건물(주택 아님)을 취득한 경우
② 사회복지사업법에 따라 설립된 사회복지 법인이 독지가의 기부에 의하여 건물을 취득한 경우
③ 영리법인이 공유수면을 매립하여 농지를 취득한 경우
④ 유상거래를 원인으로 지방세법 제10조에 따른 취득 당시의 가액이 6억원인 주택
⑤ 유상거래를 원인으로 농지를 취득한 경우

07 법인이 유상의 원인으로 농지를 취득한 경우의 취득세표준세율과 법인의 합병으로 인한 농지를 취득한 경우의 취득세 표준세율은 동일하다. (○, ×)

2. 취득세의 세율의 특례(제22회, 제24회, 제26회, 제28회 기출)

│ 문제풀이 요령 │ 취득세의 세율의 특례의 문제에는 "**중과기준세율**"이란 단어가 주어진다. **중과기준세율**이란 단어를 보고 "세율의 특례"문제구나 하고, 선다 ①②③④⑤를 보고 ⇨ 재산의 증가가 없으면 표준세율에서 1,000분의 20(중과기준세율)을 **뺀다** 하시고, ⇨ 재산의 증가만 나타나면 **1,000분의 20**(중과기준세율)을 적용하시면 됩니다.

① 표준세율에서 **중과기준세율**(1,000분의 20)을 **뺀** 세율로 하는 경우

㉠ **환매**...

㉡ 건축물의 **이전**으로 인한 취득

㉢ ...재산**분할**로 인한 취득 **주의** 등기부상 본인 지분을 초과 경우는 유상에 의한 표준세율

㉣ **상** 속으로 인한 1가구 **1 주** 택의 취득

㉤ **상** 속으로 인한 **취** 득세의 감면되는 농지 취득

---

② **중과기준세율**(1,000분의 20)을 적용되는 경우

㉠ 개수로 인한 취득 **주의** 개수로 인하여 **면적이 증가한** 경우는 증축으로 **원시취득의 표준세율**

㉡ 토지 **지목변경**으로 토지가액의 **증가**

㉢ 과점주주의 **주식취득**

㉣ **무덤**...지적공부상 지목이 묘지인 토지의 취득

㉤ 존속기간이 **1년 초과**하는 **임시건축물**의 취득

---

01 지방세법상 취득세액을 계산할 때 중과기준세율만을 적용하는 경우를 모두 묶으시오. 제24회

> ㉠ 개수로 인하여 건축물 면적이 증가하는 경우
> ㉡ 토지의 지목을 사실상 변경함으로가액이 증가한 경우
> ㉢ 법인설립 후 유상증자시에 주식을 취득하여 최초로 과점 주주가 된 경우
> ㉣ 상속으로 농지를 취득한 경우

02 지방세법상 취득세 표준세율에서 중과기준세율을 뺀 세율로 산출한 금액을 그 세액으로 하는 것으로만 모두 묶으시오. 제22회, 제28회

> ㉠ 환매등기를 병행하는 부동산의 매매로서 환매기간 내에 매도자가 환매한 경우의 그 매도자와 매수자의 취득
> ㉡ 존속기간이 1년을 초과하는 임시건축물의 취득
> ㉢ 민법 제839조의2의 이혼시 재산 분할로 취득
> ㉣ 등기부등본상의 본인 지분을 초과하지 않는 공유물의 분할로 인한 취득

정답

1. ㉡ - ㉢
2. ㉠ - ㉢ - ㉣

3. 취득세 중과세율

① 사치성 재산
② 과밀억제권역 내
③ 대도시 내
④ 다주택자의 주택 취득으로 구성 되나, 시험과 연접하여 볼
   때, 20회 이 후에서는 문제가 잘나오지 않고 선다 ①②③④
   ⑤에 가끔 끼어가니 간결하게 설명드립니다.

① 사치성 재산의 중과

사치성재산(고급주택 · 고급오락장 · 고급선박 · 골프장)　⇨표
준세율(부동산취득세율)에 중과기준세율의 100분의 400을 합
한 세율 ⇨ 부동산 표준세율 + 8%

⛝ **사치성재산 암기 요령**

ㄴ 표준세율 + 8%

㉠ 고급주택, 고급오락장에 부속된 **토지의 경계가 명확하지 아니**
   할 때에는 그 건축물 **바닥면적의 10배**에 해당하는 토지를
   그 부속토지로 본다.
㉡ 골프장 ⇨ 회원제 골프장용 부동산 중 구분등록의 대상이
   되는 토지와 건축물 및 그 토지상의 입(대중골프장, 골프연
   습장, 골프회원권은 골프장에 포함 되지 아니한)

② 과밀억제권역 내 취득의 중과(다음 각 ㉠㉡의 어느 하나에 해당하는 경우)

> ㉠ 과밀억제권역(산업단지·유치지역 및 공업지역은 제외한다)에서 공장을 신설하거나 증설하기 위하여 사업용 과세물건을 취득하는 경우
>
> ㉡ 과밀억제권역에서 본점이나 주사무소의 사업용 부동산 신설·증설하는 경우
>
> ㉢ 과밀억제권역 내의 중과세율은 표준세율에 중과기준세율(1000분의 20)의 100분의 200을 합한 세율을 적용한다. ⇨ 표준세율 + 4%
>
> > ☑ 과밀억제권역 내에서 중과하지 아니한 경우
> > 1. 과밀억제권역 내 공장, 본점의 **포괄적 승계**취득
> > 2. 과밀억제권역 내 **지점** 신설·증설
> > 3. **업종변경**

③ 대도시 내의 중과세율

> **| 문제풀이 요령 |** 취득세의 문제에서 **"대도시"**라는 단어가 있으면 이를 **개별적 문제의 key**로 잡고, 문장에서 **사택, 중과제외업종(은행업**, 유통업, 의료업, 전기통신업) 단어가 **있으면** 끝말은 중과제외한다....<u>없으면 끝말은 중과한다.</u>

01 대도시에서 법인이 사원에 대한 임대용으로 직접 사용할 목적으로 사원거주용 목적의 공동주택(1구의 건축물의 연면적이 60제곱미터 이하임)을 취득하는 경우에는 중과세율을 적용한다. (○, ×)

제25회

02 지방세법상 아래의 부동산 등을 신(증)축하는 경우 취득세가 중과(重課)되는 것을 모두 고르시오.

> ㉠ 병원의 병실　　　　　㉡ 골프장
> ㉢ 고급오락장　　　　　㉣ 백화점의 영업장
> ㉤ 과밀억제권역 내 법인 본점의 사무소전용 주차타워

03 고급주택을 취득한 경우의 취득세 세율은 8%로 한다.

(○, ×)

04 법인이 나대지를 유상취득 경우 취득가액에 중과기준세율(1,000분의 20)의 100분의 200을 합한 세율을 적용한다. (○, ×)

정답

1. ×, 대도시 내 사택은 중과하지 않는다.　　2. ㉡㉢㉤
3. ×, 표준세율 + 8%　　4. ×, 표준세율로 1천분의 40

등록면허세

등록면허세는 해년마다 1문제~2문제 출제되는 부분으로 이 등록면허세는 납세의무자, 과세표준에 대해 중점 학습을 요합니다.

1. 등 록

① "등록"이란 재산권과 그 밖의 권리의 설정·변경 또는 소멸에 관한 사항을 공부에 등기하거나 등록하는 것을 말한다.

｜문제풀이 요령｜ 등록면허세의 등록이란 **등기부 을구에 잉크를 묻힌 경우** 과세라고 알고 있으면 서류상 과세인 형식주의 또는 명의자과세 원칙임을 알 수 있다.

② 다만, 취득세에 따른 취득을 원인으로 이루어지는 등기 또는 등록은 제외하되, 다음의 ㉠~㉣ 어느 하나에 해당하는 등기나 등록은 포함한다.

㉠ **광** 업권 및 **어** 업권·양식업권의 취득에 따른 등

㉡ **외국인** 소유의 취득세 과세대상 물건의 연부 취득에 따른 등기 또는 등록

㉢ 취득세 부과**제척기간이 경과**한 물건의 등기 또는 등록

㉣ 취득가액이 **50만원 이하**에 물건의 등기 또는 등록

┃ 문제풀이요령 ┃ 등록면허세의 문제에서 **광..어..양식, 외국인 소유,,제척기간만료...취득가액이 50만원 이하** 있으면.. 이 취득은 **등록면허세 과세** "광..어 양식.., 외국인 소유,,제적..취득 가액 50만원 이하 " **없는 취득에 따른 소유권등기는 등록면허 세 과세하지 않는**다.

③ 등기·등록의 원인이 무효 또는 취소되어 그 등기·등록이 말소되는 경우에는 이미 성립된 납세의무에는 아무런 영향을 미치지 않는다.

2. 등록면허세의 비과세

① 국가, 지방자치단체의 자기를 위한 등기·등록 ⇨ 비과세
  ☒ 외국정부는 상호 면세주의에 의한다.
② 채무자 회생 및 파산에 관한 법률에 따라 파산선고한 경우의 법원의 촉탁으로 인한 등기 ⇨ 비과세
③ 행정구역의 변경, 주민등록번호의 변경, 지적(地籍) 소관청의 지번 변경,..담당 공무원의 착오로 인한 경정등기
  ⇨ 비과세
④ 지목이 **묘지**인 토지 ⇨ **비과세**

3. **등록면허세의 납세의무자** ⇨ **등록을 하는 자**

┃ 문제풀이요령 ┃ 문장을 보면서 **누가 기록된가를** 살펴보고 **그 기록된 자가 등록면허세 납세의무자이다.**
① ...○○권...... ⇨ ○○권자

② ...○○권 **말소**...설정자인 **소유자**

③ ....**채권자 대위**... ⇨ **소유자**

채권자 대위자는 소유자를 대신하여 신고납부할 수 있다. 지자
체장은 그 사실을 납세의무자에게 즉시 통보한다.

4. 등록에 대한 **등록면허세의 과세표준**

등록 당시의 가액으로 한다. 이는 등록자의 신고에 따른다.
① 신고가 없거나 신고가액이 시가표준액보다 **적은** 경우는 그
등록당시의 **시가표준액**에 의한다.

---

② 등록면허세 과세되는 **광..어..** 양식, **외국인 소유,, 취득가액
이 50만원 이하**의 등록면허세 과세표준은 취득세의 **취득당
시가액**에 따른다. ..**제척기간의 만료**는 등록당시 가액과 취
득당시 가액 중 **높은 가액**으로 한다.

---

③ 자산**재평가** 또는 **감가상각**으로 가액이 달라진 경우... **변경
된 가액**을 과세표준액으로 한다.

---

④ **말소등기** · 지목**변경등기**, 표시변경등기, 건축물 구조변경
등기 등은 **매 1건을 과세표준**으로 하여 **6천원을 적용**한다.

---

⑤ 주택의 토지와 건축물을 한꺼번에 평가하여 토지나 건축물
에 대한 과세표준이 구분되지 아니하는 경우에는 한꺼번에
평가한 개별주택가격을 토지나 건축물의 가액비율로 나눈
금액을 각각 토지와 건축물의 과세표준으로 한다.

5. 각 등기등록의 경우 과세표준과 세율, 중과세율

① 각 등기등록의 경우 과세표준과 세율

- 소유권보존등기 ⇨ 부동산 가액의 1,000분의 8
- **상속**의 등기 ⇨ 부동산 가액의 1,000분의 8
- **유상**의 등기 ⇨ 부동산 가액의 1,000분의 20
- **증여** 등기 ⇨ 부동산 가액의 1,000분의 15

지상권	부동산가액의 1천분의 2	전세권	전세금액의 1천분의 2

가처분 · 가압류 · 저당권 · 경매신청	**채권금액의 1천분의 2** (단, 채권금액을 알 수 없는 경우 **처분제한 목적이 된 금액**)

지역권	요역지가액의 1천분의 2	임차권	**월임대차금액의 1천분의 2** : 월세로 생각

가등기	채권금액 또는 부동산가액의 1천분의 2

☑ **주의사항**

유상 + 주택을 취득 ⇨ 해당 주택의 취득세율에 100분의 50을 곱한 세율을 적용한다.

② 등록에 대한 등록면허세에서의 중과세율

대도시 내의 경우는 표준세율의 **100분의** 300으로 한다.
중과세 제외 ⇨ 대도시 중과 제외 업종(**은행**, 유통, 의료, 전기)
은 **중과 제외**한다.

┌ **기출문제** ·────────────────────────────

01 채권금액으로 과세액을 정하는 경우에 일정한 채권금액이
없을 때에는 채권의 목적이 된 것의 가액또는 처분의 제한의
목적이 된 금액을 그 채권금액으로 본다. (○, ×)

제33회, 제30회

02 甲이 乙로부터 부동산을 50만원에 취득한 경우 취득에 관한
등기에 대해 등록면허세 납세의무가 있다. 이 경우 과세표준
은 취득당시가액이다. (○, ×)　　　　　　　제32회 변형

03 지방자치단체의 장은 등록면허세의 세율을 표준세율의 100
분의 60의 범위에서 가감할 수 있다. (○, ×)　　　제31회

04 지방세법령상 등록에 대한 등록면허세에 관한 설명으로 틀린 것은?

제34회

① 같은 등록에 관계되는 재산이 둘 이상의 지방자치단체에 걸쳐 있어 등록면허세를 지방자치단체별로 부과할 수 없을 때에는 등록관청 소재지를 납세지로 한다.

② 지방자치단체의 장은 등록면허세의 세율을 부동산 등기에 따른 표준세율의 100분의 50의 범위에서 가감할 수 있다.

③ 주택의 토지와 건축물을 한꺼번에 평가하여 토지나 건축물에 대한 과세표준이 구분되지 아니하는 경우에는 한꺼번에 평가한 개별주택가격을 토지나 건축물의 가액비율로 나눈 금액을 각각 토지와 건축물의 과세표준으로 한다.

④ 부동산의 등록에 대한 등록면허세의 과세표준은 등록자가 신고한 당시의 가액으로 하고, 신고가 없거나 신고가액이 시가표준액보다 많은 경우에는 등록당시 시가표준액으로 한다.

⑤ 채권자대위자는 납세의무자를 대위하여 부동산의 등기에 대한 등록면허세를 신고납부할 수 있다.

05 지방세법령상 등록에 대한 등록면허세가 비과세되는 경우로 틀린 것은? 제34회 변형

① 지방자치단체조합이 자기를 위하여 받는 등록

② 무덤과 이에 접속된 부속시설물의 부지로 사용되는 토지로서 지적공부상 지목이 묘지인 토지에 관한 등기

③ 채무자 회생 및 파산에 관한 법률에 따라 파산선고한 경우의 법원의 촉탁으로 인한 등기

④ 대한민국 정부기관의 등록에 대하여 과세하는 외국정부의 등록

⑤ 등기 담당 공무원의 착오로 인한 주소 등의 단순한 표시변경 등기

06 甲이 乙소유 부동산에 관해 전세권 설정등기를 하는 경우 등록면허세의 납세의무자는 전세권자인 甲이다. (○, ×)
제31회 변형

07 근저당권 말소등기의 경우 등록면허세의 납세의무자는 근저당권설정자 또는 말소대상 부동산의 현재 소유자이다. (○, ×)
제23회

08 부동산 가압류·가처분에 대한 등록면허세의 세율은 부동산 가액의 1천분의 2로 한다. (○, ×) 제27회, 제31회

09 거주자인 개인 乙은 甲이 소유한 부동산(시가 6억원)에 전세
기간 2년, 전세보증금 3억원으로 하는 전세계약을 체결하고,
전세권 설정등기를 하였다. 지방세법상 등록면허세에 관한
설명으로 옳은 것은?   제32회

① 과세표준은 6억원이다.

② 표준세율은 전세보증금의 1천분의 8이다.

③ 납부세액은 6천원이다.

④ 납세의무자는 乙이다.

⑤ 납세지는 甲의 주소지이다.

10 「지방세법」상 부동산등기에 대한 등록면허세의 표준 세율로
틀린 것은 몇 개인가?   제28회

---

① 전세권 설정등기 : 부동산 가액의 1천분의 3

② 상속으로 인한 소유권 이전등기 : 부동산가액의 1천분
의 8

③ 지역권 설정 및 이전등기 : 요역지 가액의 1천분의 2

④ 임차권 설정 및 이전등기 : 임차보증금의 1천분의 2

⑤ 저당권 설정 및 이전등기 : 부동산가액의 1천분의 2

---

11 등록 당시에 자산재평가의 사유로 그 가액이 달라진 때에는 자산재평가 전의 가액을 과세표준으로 한다. (○, ×)

12 등록을 하려는 자가 신고의무를 다하지 않은 경우 등록면허세 산출세액을 등록하기 전까지 납부하였을 때에는 신고 · 납부한 것으로 보지만 무신고 가산세가 부과된다. (○, ×)

제26회, 제27회, 제30회

13 대도시 밖에 있는 법인의 본점이나 주사무소를 대도시로 전입함에 따른 등기는 법인등기에 대한 세율의 100분의 200을 적용한다. (○, ×)

제26회

14 전세권설정에 대한 등기에 대한 등록면허세의 산출세액이 건당 6천원보다 적을 때에는 등록면허세의 세액은 6천원으로 한다. (○, ×)

15 임차권의 설정 및 이전 등기의 경우 과세표준이 월임대차금액으로 0인 경우 등록면허세를 과세하지 않는다. (○, ×)

16 부동산에 대한 등록면허세 과세표준은 원칙적으로 취득당시의 가격으로 신고가액이다. 신고가 없는 경우 또는 신고가액이 시가표준액보다 적은 경우 취득당시 시가표준액을 과세표준으로 한다. (○ , ×)

17 다음은 등록에 대한 등록면허세에 관한 설명이다. 틀린 것은?
① 등록면허세의 등록이란 취득을 원인으로 이루어지는 등기 또는 등록은 제외한다.
② 등록면허세 과세대상은 등기 · 등록 행위이다.
③ 부동산을 등기하려는 자는 과세표준에 세율을 적용하여 산출한 세액을 등기를 하기 전까지 납세지를 관할하는 지방자치단체의 장에게 신고 · 납부하여야 한다.
④ 등록면허세는 수수료적 성격이 있는 조세이다.
⑤ 타인의 토지상에 지상권을 설정할 경우 토지소유자가 납세의무자가 된다.

1. ○
2. ○
3. × 표준세율의 100분의 50의 범위에서 가감
4. ④ 신고가 없거나 신고가액이 시가표준액보다 적은 경우에는 등록당시 시가표준액으로 한다.
5. ④ 대한민국 정부기관의 등록에 대하여 과세하는 외국정부의 등록은 과세
6. ○
7. ○
8. ×, 부동산가액의 1천분의 2 ⇨ 채권금액의 1천분의 2
9. ④
    ① 과세표준은 3억원
    ② 표준세율은 전세보증금의 1천분의 2
    ③ 납부세액은 3억원×0.2% = 60만원
    ⑤ 납세지는 부동산 소재지
10. 3개
    ① 전세금액의 1천분의 2
    ④ 월 임대차금액
    ⑤ 채권금액
11. ×, 변경된 가액
12. ×, 무신고 가산세 가산되지 아니한다.
13. ×, 100분의 300
14. ○
15. ×, 6천원으로 부과
16. ×, 등록당시가액, 등록당시시가표준액
17. ⑤

재산세의 개요는 매번마다 1문제 출제되는 부분으로 이는 **재산세 과세표준**, 주택, 재산세 세부담 상한 등에 대해 중점 학습을 요합니다.

1. 재산세의 부과징수

① 재산세는 재산(토지·건축물·주택·선박·항공기)의 보유 : 사용·수익을 세원, 지방세로서 시·군·구세
② 부과징수방법은 <u>보통징수방법</u>
<u>보통징수방법</u>이란 지자체가 세액산정하여 <u>고지서발부로 징수</u>하는 방법으로 재산세는 가산세 규정이 없다. 수정신고, 기한 후 신고 규정 없다. **성립**은 **과세기준일**(6월 1일)에 납세의무성립

2. 물건별 과세를 원칙

재산세를 징수하고자 하는 때에는 토지, 건축물, 주택, 선박 및 항공기로 **구분한** 납세**고지서**에 과세표준과 세액을 기재하여 늦어도 **납기개시 5일 전까지 발부**하여야한다.

납세고지서를 발급하는 경우 **토지에 대한 재산세는 한 장**의 납세**고지서로 발급**하며, 토지 외의 재산에 대한 재산세는 **건축물·주택·선박 및 항공기로 구분**하여 과세대상 **물건마다** 각각 한 장의 납세고지서로 발급할 수 있다.

① 주 택

> ㉠ **주택**이란 **주택과 토지 합한 1물건**으로 하여 0.1%~0.4%의 **누진세율**을 적용하여 **주택별**로 세액 산정한다.
>
> ㉡ 1세대 1주택의 특례
>
>> ⓐ <u>1세대 1주택</u>(시가표준액 9억원 이하 주택에 한정)에 대하는 0.05%~0.35% <u>누진세율을 적용한다.</u>
>> ⓑ 1세대1주택 판단할 때 신탁된 주택은 **위탁자의 주택 수에 가산**한다.
>> ⓒ 1세대가 2 이상의 주택을 소유한 경우 1세대 1주택의 세율을 받으려면 세대원이 과세기준일로부터 15일 내 지자체 장에게 신고하여야 한다.
>
> ㉢ 주택을 2인 이상이 공동으로 소유하거나 토지와 건물의 소유자가 다를 경우 당해 주택에 대한 세율을 적용함에 있어서는 당해 주택의 토지와 건물의 가액을 **합산한** 과세표준액에 0.1%~0.4%의 초과누진세율을 적용한다.
> ㉣ <u>**1인이 여러개의 주택 보유**</u>...매 <u>1구의 주택마다</u> 세액 산정한다(소유자별 합산 ×, 주택과 주택을 합하여 세액산정 ×).
> ㉤ 주택 **부속토지의 경계가 명백하지 아니**한 경우 그 주택의 <u>바닥면적의 10배</u>에 해당하는 토지를 주택의 부수토지로 본다.

② 건축물

> ㉠ 건축물이란 상가건물, 공장용 건물을 말하므로 **건축물**은 이에 따른 **부수토지와는 구분 고지**한다. <u>건축물에는 주택은 제외</u>한다.

ⓛ 건축물 세율 : 0.25%

    ⓐ 시내 <u>주거지역 내 공장용 건축물</u> : <u>0.5%</u>

    ⓑ 과밀억제권역 내 공장건축물의 신설증설 : 0.25%의 5배

    ⓒ 고급오락장 건축물, 회원제 골프장 건축물 : 4%

ⓒ 토 지

  토지는 주택을 <u>제외</u>한 모든 <u>토지</u>이다(미등록토지 포함).

3. 재산세의 **겸용 주택**

① 1**동**의 건물이 주거와 주거 이외의 용도에 사용되는 경우에는 **주거용 부분만**을 주택으로 본다.

② 1**구**의 건축물이 주거와 주거 외의 용도에 겸용되는 경우에는 **50% 이상인 경우에 주택으로 본다.**

③ ..**허가받지 아니하고**...주거용이 50% 이상인 경우는 그 건물 전체를 **주택으로 보지 아니**하고 그 부수**토지는 종합합 산**에 해당하는 토지로 본다.

01 재산세 과세대상인 건축물의 범위에는 주택을 포함한다.

(○, ×) 제31회

02 재산세의 과세기준일은 매년 7월 1일이다. (○, ×)

제27회, 제31회

03 지방세법상 재산세 과세 대상의 구분에 있어 주거용과 주거 외의 용도를 겸하는 건물 등에 관한 설명으로 옳은 것을 모두 고르면 몇 개인가? 제31회, 제33회

> ㉠ 1동(棟)의 건물이 주거와 주거 외의 용도로 사용되고 있는 경우에는 주거용으로 사용되는 부분만을 주택으로 본다.
> ㉡ 1구(構)의 건물이 주거와 주거 외의 용도로 사용되고 있는 경우 주거용으로 사용되는 면적이 전체의 100분의 60인 경우에는 주택으로 본다.
> ㉢ 주택의 부속토지의 경계가 명백하지 아니한 경우에는 그 주택의 바닥면적의 10배에 해당하는 토지를 주택의 부속토지로 한다.

04 주택에 대한 재산세는 납세의무자별로 해당 지방자치단체의 관할구역에 있는 주택의 과세표준을 합산하여 주택의 세율을 적용한다. (○, ×) 제30회

05 주택의 토지와 건물 소유자가 다를 경우 해당 주택에 대한 세율을 적용할 때 해당 주택의 토지와 건물의 가액을 소유자별로 구분계산한 과세표준에 세율을 적용한다. (○, ×) 제35회

정답

1. ×, 주택 제외
2. ×, 6월 1일
3. 3개로 모두 옳다.
4. ×, 납세의무자별 ⇨ 주택별로 세액 산정
5. ×, 주택의 토지와 건물가액을 합한

4. 재산세의 과세표준

과세기준일 시점의 **재산의 가액**
                                └ 시가표준액의 의미
(신고가액×, 장부가액×, 사실상취득가액×, 시가인정액×)

> ① **부동산**이면 그 **시가표준액에 공정시장가액 비율**(<u>토지
> 또는 건축물은 70%, 주택은 60%</u>)을 곱한 가액을 과세표
> 준으로 한다.
> ⇨ 선박, 항공기의 경우는 시가표준액이 과세표준

> ② ①에 의해 산출된 **주택**의 과세표준이 과세표준상한액보
> 다 **큰 경우**에는 주택의 과세표준은 **과세표준상한액**으로
> 한다.

<hr>

┃ 문제풀이 요령 ┃ 문제가 **재산세과세 표준**일 때 부동산이면 "**공
정**" 단어가 있으면 맞는 문장. 없을 때 공정의 숫자는 토지·건
축물은 70%, **주택**은 **60%**이다.

01 지방세법상 재산세 과세표준에 관한 설명으로 옳은 것은 몇 개인가?

제23회, 제29회, 제30회, 제31회, 제32회

> ㉠ 단독주택의 재산세 과세표준은 토지·건물을 일체로 한 개별주택가격으로 한다.
>
> ㉡ 건축물의 재산세 과세표준은 거래가격 등을 고려하여 시장·군수·구청장이 결정한 가액으로 한다.
>
> ㉢ 토지의 재산세 과세표준은 개별공시지가로 한다.
>
> ㉣ 공동주택의 재산세 과세표준은 법령에 따른 시가표준액에 100분의 60을 곱하여 산정한 가액으로 한다. 이 금액이 큰 경우는 공동주택의 과세표준은 과세표준 상한액으로 한다.
>
> ㉤ 건축물의 재산세 과세표준은 법인의 경우법인장부에 의해 증명되는 가격으로 한다.

정답

1. 1개(㉣)

5. 재산세 부담의 상한

당해 재산에 대한 재산세의 산출세액이 **직전연도**의 당해재산에 대한 재산세액 상당액의 100분의 150을 초과하는 경우에는 **100분의 150까지 징수한다. 주택은 제외**

> ┃ **문제풀이 요령** ┃ ..."**직전년도**"라는 단어를 **개별적 문제Key**로 "세부담의 상한" 문제이군 하고, 문장에서 **주택 단어가 있으면** 세부담상한 없다. 주택 단어가 없으면 **일반적 경우로 100분의 150**

6. 소액징수면제

재산세로 징수할 세액이 **2,000원 미만**인 때에는 재산세를 **징수하지 않**는다(세목별 판단).
┃주의┃ 세액이 2,000원인 경우는 징수한다.

7. 재산세의 납부기간

재산세의 납부기간은 재산의 종류에 따라 다음과 같이 달라진다.
① 건축물: 매년 7월 16일부터 7월 31일까지
② **토지: 매년 9월 16일부터 9월 30일까지**
③ **주택**: 산출세액의 **2분의 1은** 매년 **7월 16일부터 7월 31일**, 나머지 2분의 1은 **9월 16일부터 9월 30일까지**

> **주택** 세액 ➕ **20만원 이하인** 경우의 주택의 납부기간은 7월 16일부터 7월 31일까지로 하여 한꺼번에 징수한다.

④ 선박: 매년 7월 16일부터 7월 31일까지
⑤ 항공기: 매년 7월 16일부터 7월 31일

01 주택(법령으로 정하는 1세대 1주택 아님)의 경우 표준세율은 최저 1천분의 1에서 최고 1천분의 4까지 4단계 초과누진세율로 적용한다. (○, ×) 제34회

02 재산세의 납기는 토지의 경우 매년 9월 16일부터 9월 30일까지이며, 건축물의 경우 매년 7월 16일부터 7월 31일까지이다. (○, ×) 제33회

03 주택에 대한 재산세는 주택별로 표준세율을 적용한다. (○, ×) 제32회

04 재산세의 납기에도 불구하고 지방자치단체의 장은 과세대상 누락, 위법 또는 착오 등으로 인하여 이미 부과한 세액을 변경하거나 수시부과하여야 할 사유가 발생하면 수시로 부과·징수할 수 있다. (○, ×) 제21회, 제33회

05 상가건물에 대한 재산세는 시가표준액에법령이 정하는 공정시장가액비율을 곱하여 산정한 가액을 과세표준으로 하여 비례세율을 과세한다. (○, ×) 제32회

06 토지의 정기분 납부세액이 9만원인 경우 조례에 따라 납기를 7월 16일부터 7월 31일까지로 하여 한꺼번에 부과·징수할 수 있다. (○, ×)

제27회

07 해당 연도에 주택에 부과할 세액이 100만원인 경우 납기를 7월 16일부터 7월 31일까지로 하여 한꺼번에 부과·징수한다.

(○, ×) 제26회

08 **지방세법상 2025년 귀속 재산세 부과징수에 관한 설명으로 틀린 것은?** 제29회 변형

① 토지분 재산세의 납기는 매년 9월 16일부터 9월 30일까지이다.

② 선박분재산세의 납기는 매년 7월 16일부터 7월 31일까지이다.

③ 재산세를 징수하려면 재산세 납세고지서를 납기개시 5일 전까지 발급하여야 한다.

④ 주택분 재산세로서 해당년도에 부과 할 세액이 20만원 이하인 경우 9월 30일 납기로 징수한다.

⑤ 재산세를 물납하려는 자는 납부기한 10일 전까지 납세지 관할하는 시장·군수·구청장에게 물납 신청하여야 한다.

09 고급주택에 대한 재산세의 납기는 고급주택 이외의 주택에 대한 재산세의 납기와 같다. (○, ×) 제25회

10 지방세법령상 재산세의 부과 · 징수에 관한 설명으로 틀린 것은? 제34회

① 주택에 대한 재산세의 경우 해당 연도에 부과 · 징수할 세액의 2분의 1은 매년 7월 16일부터 7월 31일까지, 나머지 2분의 1은 9월 16일부터 9월 30일까지를 납기로 한다. 다만, 해당 연도에 부과할 세액이 20만원 이하인 경우에는 조례로 정하는 바에 따라 납기를 9월 16일부터 9월 30일까지로 하여 한꺼번에 부과 · 징수할 수 있다.

② 재산세는 관할 지방자치단체의 장이 세액을 산정하여 보통징수의 방법으로 부과 · 징수한다.

③ 재산세를 징수하려면 토지, 건축물, 주택, 선박 및 항공기로 구분한 납세고지서에 과세표준과 세액을 적어 늦어도 납기개시 5일 전까지 발급하여야 한다.

④ 재산세의 과세기준일은 매년 6월 1일로 한다.

⑤ 고지서 1장당 재산세로 징수할 세액이 2천원 미만인 경우에는 해당 재산세를 징수하지 아니한다.

11 재산세는 관할지방자치단체의 장이 세액을 산정하여 보통징수의 방법으로 부과 · 징수한다. 과소신고한 경우 과소신고가산세가 가산하여 징수한다. (○, ×)

12 지방세법상 재산세에 관한 설명으로 틀린 것은? 제32회 변형

① 토지에 대한 재산세의 과세표준은 시가표준액에 공정시장가액비율(100분의 70)을 곱하여 산정한 가액으로 한다.

② 재산세의 분납의 납부세액의 2백5십만원을 초과하는 경우에 납부할 세액의 일부를 납부기한이 경과한 날부터 3개월 이내에 분납할 수 있다

③ 재산세 물납신청을 받은 시장·군수·구청장이 물납을 허가하는 경우 물납을 허가하는 부동산의 가액은 물납허가일 현재의 시가로 한다.

④ 주택의 토지와 건물 소유자가 다를 경우 해당주택에 대한 세율을 적용할 때 해당 주택의 토지와 건물의 가액을 합산한 과세표준에 주택의 세율을 적용한다.

⑤ 주택의 경우 세부담 상한 없다.

13 건축물을 보유한 경우 재산세 산출세액은 「지방세법」령에 따라 계산한 직전년도 해당 재산에 대한 재산세액 상당액의 100분의 150에 해당하는 금액을 한도로 한다. (○ , ×)

제29회, 제32회

14 시·군·구 내에 수개의 주택을 보유해도 매 1구의 주택을 기준으로 각각 세액을 계산한다. (○ , ×)

15 1동(棟)의 건물이 주거와 주거 외의 용도로 사용되고 있는 경우에는 주거용으로 사용되는 면적이 전체의 100분의 50 이상인 경우에는 주택으로 본다. (○, ×)

재산세 납세의무자

출제빈도 제5회~제35회

출제경향 ⇨ 재산세 납세의무자는 매년 출제되는 부문으로
이는 이해 후 **키워드**로 문제를 풀면 간단하게 풀어진다.

---

1. 재산세 납세의무자

(1) **원 칙**
① 과세기준일(매년 6월 1일) 현재 과세대상 재산을 사실상 소
   유하고 있는 자

---

② **소유권 변동된 년도의 재산세 납세의무자**

☑ 6월 1일 **전**에 사실상잔금지급일이 있는 경우 ⇨ 매수인
☑ 6월 1일 **후**에 사실상잔금지급일이 있는 경우 ⇨ 매도인
☑ 6월 1일 = 사실상잔금지급일 ⇨ 매수인(잔금지급일전에
   등기경우에는 등기일로 판단)

---

③ 사실상 소유자 : 甲이 乙로부터 부동산을 취득 후 재산세
   과세기준일까지 등기하지 않았다면 乙은(공부상소유자는)
   과세기준일로부터 15일 내에 부동산소재지 관할 지방자치
   단체의장에게 그 사실을 알 수 있는 증거 자료를 갖추어 신
   고 하여야 한다.

☑ **미등기인 경우는 공부상 소유자가, 상속등기가** 이행되지 **아니한 경우는** 주된 상속자가, 수탁자의 명의 등록된 신탁재산의 경우는 **위탁자가, 사실상 현황이 변경된 경우는 사실상 소유자가 과세기준일**로부터 15일내에 **신고**한 경우 **사실상소유자**를 납세의무자로 한다.

(2) 예 외

① 공부상의 소유자가 매매 등의 사유로 소유권의 변동이 있었음에도 이를 <u>신고하지</u> 아니하여 사실상의 소유자를 알 수 없는 때에는 **공부상의 소유자**를 납세의무자로 본다.

② <u>상속</u>이 개시된 재산으로서 상속등기가 이행되지 아니하고 사실상의 소유자를 <u>신고하지</u> 아니한 때에는 **주된 상속자**를 납세의무자로 본다.

③ **국가·지방자치단체·지방자치단체조합**과 재산세 과세대상 재산을 **연부로** 매매계약을 체결하고 그 재산의 사용권을 **무상**으로 받은 경우에는 **매수계약자**를 납세의무자로 본다.

④ 「도시개발법」에 의하여 시행하는 환지방식에 의한 도시개발사업에 의한 정비사업(주택재개발사업 및 도시환경정비사업에 한한다)의 시행에 따른 환지계획에서 일정한 토지를 환지로 정하지 아니하고 <u>체비지 또는 보류지</u>로 정한 경우에는 **사업시행자**를 납세의무자로 본다.

⑤ 「신탁법」에 따른 수탁자의 명의로 등기 또는 등록된 신탁 재산의 경우에는 **위탁자**를 납세의무자로 본다.

⑥ 공유재산인 경우에는 그 지분에 해당하는 부분에 대하여 그 **지분권자**를 납세의무자로 보며(지분의 표시가 없는 경우에는 지분이 균등한 것으로 본다)

⑦ 「채무자 회생 및 파산에 관한 법률」에 따른 파산선고 이후 파산종결의 결정까지 파산재단에 속하는 재산의 경우 **공부상 소유자**를 납세의무자로 본다.

⑧ 과세기준일 현재 소유권의 귀속이 분명하지 아니하여 사실상의 소유자를 확인할 수 없는 경우에는 그 **사용자**를 납세의무자로 본다.

KEY

1. .....**신고하지 아니하여**...... **공부상 소유자**
2. 상속.....신고하지 아니하여...**주된 상속자**
3. **국가 − 연부(＝ 선수금받아) − 무상 : 매수계약자**를 납세의무자
4. ....**체비지 또는 보류지** : 사업시행자
5. **신탁법....위탁자**
6. ...**공유재산...지분권자** (지분의 표시가 없는 경우에는 지분이 균등.)
7. ...파산선고 이후 파산종결의 결정까지 : 공부상 소유자
8. ...소유권 **귀속 불(不)** : 사용자

01 지방세법령상 재산세 과세기준일 현재 납세의무자로 틀린 것은?

제24회, 제33회, 제35회

① 공부상에 개인 등의 명의로 등재되어 있는 사실상의 종 중재산으로서 종중소유임을 신고하지 아니하였을 경우 : 종중

② 상속이 개시된 재산으로서 상속등기가 이행되지 아니하 고 사실상의 소유자를 신고하지 아니하였을 경우 : 행정 안전부령으로 정하는 주된 상속자

③ 「도시 및 주거환경정비법」에 따른 정비사업(재개발사업 만 해당한다)의 시행에 따른 환지계획에서 일정한 토지 를 환지로 정하지 아니하고 체비지로 정한 경우 : 사업시 행자

④ 「채무자 회생 및 파산에 관한 법률」에 따른 파산선고 이후 파산종결의 결정까지 파산재단에 속하는 재산의 경우 : 공 부상 소유자

⑤ 지방자치단체와 재산세 과세대상 재산을 연부(年賦)로 매매계약을 체결하고 그 재산의 사용권을 무상으로 받은 경우 : 그 매수계약자

02 「지방세법」상 2025년 재산세 과세기준일 현재 납세의무자가 아닌 것을 모두 고르면 몇 개인가? 제26회

> ㉠ 5월 31일에 재산세 과세대상 재산의 매매잔금을 수령하고 소유권이전등기를 한 매도인
> ㉡ 공유물 분할등기가 이루어지지 아니한 공유토지의 지분권자
> ㉢ 「신탁법」에 따라 수탁자명의로 등기·등록된 신탁재산의 경우에는 수탁자
> ㉣ 도시환경정비사업시행에 따른 환지계획에서 일정한 토지를 환지로 정하지 아니하고 체비지로 정한 경우 종전 토지소유자

03 재산세 과세기준일 현재 소유권의 귀속이 분명하지 아니하여 사실상의 소유자를 확인할 수 없는 경우에는 그 사용자가 재산세를 납부할 의무가 없다. (○ , ×) 제33회 변형

04 과세기준일 현재 공부상의 소유자가 매매로 소유권이 변동되었는데도 신고하지 아니하여 사실상의 소유자를 알 수 없는 경우 그 공부상의 소유자가 아닌 사용자에게 재산세 납부의무가 있다. (○ , ×) 제27회

05 국가와 재산세 과세대상 재산을 연부로 매수계약을 체결하고 그 재산의 사용권을 무상으로 받은 경우 매도계약자가 재산세를 납부할 의무가 있다. (○, ×)   제24회

06 재산세과세대상 재산의 공부상 소유자를 그 재산에 대한 재산세 납세의무자로 하는 경우가 있다. (○, ×)

07 재산세과세대상 재산을 여러 사람이 공유하는 경우, 관할 지방자치단체가 지정하는 공유자 중 1인을 납세의무자로 본다.
(○, ×) 제21회

08 국가가 선수금을 받아 조성하는 매매용 토지로서 사실상 조성이 완료된 토지의 사용권을 무상으로 받은 자는 재산세를 납부할 의무가 없다. (○, ×)   제31회

09 甲이 乙에게 토지를 매도한 후 乙이 소유권이전등기를 이행하지 않았더라도 사실상 소유자는 乙이므로 甲의 소유권변동신고 여부에 관계없이 재산세 납세의무자는 乙이다. (○, ×)
기출 응용

10 상속이 개시된 토지는 상속등기의 이행 여부나 사실상의 소유자신고 여부에 관계없이 법정상속인이 연대하여 재산세 납세의무를 진다. (○, ×)   기출응용

11 등기부상 甲 개인 소유로 등재되어 있는 토지는 甲이 사실상 종중소유임을 과세관청에 신고하더라도 재산세 납세의무자는 甲이다. (○, ×)

기출응용

정답

1. ① 공부상에 개인 등의 명의로 등재되어 있는 사실상의 종중재산으로서 종중소유임을 신고하지 아니하였을 경우: 공부상 소유자
2. 3개(㉠, ㉢, ㉣) ㉠ 매수인, ㉢ 위탁자, ㉣ 사업시행자
3. ×, 귀속불 – 사용자에게 납세의무 있다
4. ×, 공부상소유자
5. ×, 국가 – 연부 – 무상: 매수계약자
6. ○
7. ×, 공유재산 – 지분권자
8. ×, 국가 – 연부(선수금받아) – 무상: 매수계약자에게 납세의무 부여
9. ×, 신고한 경우 ⇨ 사실상소유자인 乙, 신고하지 아니한 경우 ⇨ 공부상소유자인 甲
10. ×, 신고한 경우 ⇨ 사실상소유자, 신고하지 아니한 경우⇨ 공부상소유자
11. ×, 신고–사실상소유자인 종중

key 21. 토지에 대한 재산세

> **출제빈도** 제5회, 제7회, 제10회, 제11회, 제12회, 제13회, 제
> 14회, 제15회, 제18회, 제19회, 제21회, 제22회, 제23회, 제25회,
> 제27회, 제28회, 제29회, 제30회, 제31회, 제32회, 제33회 토
> 지의 재산세는 10회~35회에서 7회 정도는 출제되지 않고 매
> 년 출제되는 part로 종합부동산세와 연관된 부문으로 재산세
> 에서 출제되지 않으면 종합부동산세에서 출제되는 중요 부문
> 입니다.

1. 토지에 대한 재산세

(1) **주택을 제외**한 **모든토지**를 종합합산, 별도합산, 분리과세로 구
   분하여 과세

(2) **종합합산 · 별도합산 · 분리과세의 구분**

> ① 토지 활용도와 소재된 **지역의 용도와 일치** ⇨ 분리
>   (농지, 목장의 세율은 0.07%, 공장토지의 세율은 0.2%)
>   ㉠ 법인 소유의 농지는 종합합산
>   ⓐ ○○업법인 농지인 경우 : 업종과 일치인 경우 ⇨ 분
>   리과세
>   ⓑ 업종과 불일치한 경우 ⇨ 종합합산
> ☑ • 농업법인 농지 - 분리과세
>   • 제조업법인 농지 - 종합합산
>   • <u>사회복지사업자</u>의 복지시설에 공하기 위한 <u>소비용 농지</u> - 분
>   리과세

- 한국농촌공사 소유 농가공급용 농지 − 분리과세
- **종중**소유 농지 − <u>분리과세</u>

② 임 야
  ㉠ **환경과 관련**된 구역 내
    ⓐ **물 관련** 구역내 임야 − 분리과세
  ㉡ 그 이외의 임야는 종합합산
    ⓐ 종중 소유 임야 ⇨ 분리과세
    ⓑ 자연환경지구 내의 임야, **문화재보호구역** 내의 임야
       ⇨ 분리과세
    ⓒ **개발제한구역** 내의 임야 ⇨ 분리과세
    ⓓ **상수원보호 구역 내**의 임야 ⇨ 분리과세

③ 토지 활용도와 소재된 <u>지역의 용도와 不 일치</u> ⇨ 종합합산
  단, **공장용 토지**는 지역의 **용도와 불일치** 한 경우 **별도합산**

④ ...초과 ⇨ 종합합산

⑤ **영업** 관련 토지 ⇨ **별도 합산**
  ㉠ 여객자동차운송사업의...차고용 토지
  ㉡ ...자동차운전학원의 **자동차운전학원용 토지**
  ㉢ ...관광사업자가 ...시설기준을 갖추어 설치한 박물관·
     미술관·동물원·식물원의 야외전시장용 토지
  ㉣ **장사 등에 관한 법률에...법인묘지용 토지**
  ㉤ ...스키장 및 대중골프장용 토지 중 원형이 보전 되는 임야

⑥ 산업 관련 토지(○○공사) - 분리 과세 - 0.2%
  ㉠ 국가 및 지방자치단체 지원을 위한 <u>특정목적 사업용</u>
     토지로서 대통령으로 정하는 토지   ↳ **군대 관련**
  ㉡ 에너지공급 및 방송통신, 교통등의 기반 시설용토자
     (**염전**, 여객자동차 **터미널토지**, ⇨ **분리**과세, 세율은 **0.2%**)

⑦ <u>**고급오락장, 회원제골프장** 토지</u> ⇨ **분리**과세
  (**세율은** 토지든 건축물이든 **4%**)

⑧ 종합합산 : **나대지**. <u>**무허가 건축물의 부속토지**</u>, 잡종지

⑨ **일반**(= 영업용) **건축물로서 가액기준미달 건축물의 부속**
  토지 : 일반(= 영업용) 건축물로서 시가표준액의 2%에 미
  달하는 건축물의 바닥면적을 제외한 부속토지는 종합합산
  의 토지이다.

(3) **신탁재산**

① 「신탁법」에 따른 신탁재산에 속하는 종합합산과세대상 토
  지 및 별도합산과세대상 토지의 합산 방법은 다음 각 ㉠㉡
  에 따른다.
  ㉠ 신탁재산에 속하는 토지는 수탁자의 고유재산에 속하는
     토지와 서로 합산하지 아니한다.
  ㉡ 위탁자별로 구분되는 신탁재산에 속하는 토지의 경우
     위탁자별로 각각 합산하여야 한다.

② 신탁재산의 **위탁자가 "재산세 등"을 체납**한 경우 ⇨ 그 위탁자의 다른 재산에 대하여 징수할 금액에 미치지 못할 때에는 해당 신탁재산의 **수탁자는 그 신탁재산으로써 위탁자의 재산세 등을 납부할 의무가 있다.**

01 토지와 주택에 대한 재산세 과세대상은 종합합산과세대상, 별도합산과세대상 및 분리과세대상으로 구분한다. (○, ×)

제31회

02 지방세법상 재산세 종합합산과세대상 토지는?　　　제29회

① 「문화유산의 보존 및 활용에 관한 법률」에 따른 지정문화유산안의 임야

② 국가가 국방상 목적외에는 그 사용 및 처분 등을 제한하는 공장구내의 토지

③ 건축법 등 관계법령에 따라 허가 등을 받아야 할 건축물로서 허가받지 아니한 공장용 건축물의 부속토지

④ 자연공원법에 따라 지정된 공원자연 환경지구 내의 임야

⑤ 개발제한구역의 지정 및 관리에 관한 특별조치법에 따른 개발제한구역내의 임야

03 지방세법상 다음의 재산세 과세대상 중 가장 낮은 표준세율이 적용되는 것은?　　　제21회

① 고급오락장용 토지

② 군(郡)지역에 소재하는 공장용 건축물

③ 군(郡)지역에 소재하는 공장용 토지

④ 고급오락장용 건축물

⑤ 분리과세 골프장용 토지

04 지방세법상 재산세 과세대상 토지(비과세 또는 면제대상이 아님)중 과세표준이 증가함에 따라 재산세 부담이 누진적으로 증가할 수 있는 것은? 제16회

① 과세기준일 현재 군지역에서 실제 영농에 사용되고 있는 개인이 소유하는 과수원

② 개인과 축산업을 주업으로 하는 법인이 축산용으로 사용하는 도시지역 밖의 목장용지 중 축산용 토지 및 건물의 기준을 초과하는 토지

③ 1980. 5. 1.부터 종중이 소유하고 있는 임야

④ 회원제 골프장용 토지로서 체육시설의 설치·이용엑 관한 법률 규정에 의한 등록대상이 되는 토지

⑤ 고급오락장으로 사용되는 건축물의 부속토지

05 1990년 5월 31일 이전부터 종중이 소유하고 있는 임야는 종합합산이다. (○, ×)

06 도로교통법에 따라 등록된 자동차운전학원용 토지로서 같은 법에서 정하는 시설을 갖춘 구역 안의 토지는 분리과세로 0.2%의 세율이 적용된다. (○, ×) 제25회 변형

07 「지방세법」상 토지에 대한 재산세를 부과함에 있어서 과세대상의 구분(종합합산과세대상, 별도합산과세대상, 분리과세대상)이 분리과세인 것은 몇 개인가? 제25회

> ㉠ 1990년 5월 31일 이전부터 종중이 소유하고 있는 임야
>
> ㉡ 「체육시설의 설치 · 이용에 관한 법률 시행령」에 따른 회원제 골프장이 아닌 골프장용 토지 중 원형이 보전되는 임야
>
> ㉢ 과세기준일 현재 계속 염전으로 실제 사용하고 있는 토지
>
> ㉣ 「도로교통법」에 따라 등록된 자동차운전학원의 자동차운전학원용 토지로서 같은 법에서 정하는 시설을 갖춘 구역 안의 토지

08 「신탁법」에 따른 신탁재산에 속하는 종합합산과세대상 토지는 수탁자의 고유재산에 속하는 토지와 합산하지 아니한다. (○ , ×) 제31회

09 신탁주택의 수탁자가 재산세를 체납한 경우 그 수탁자의 다른 재산에 대하여 강제징수하여도 징수할 금액에 미치지 못할 때에는 해당 주택의 위탁자가 종합부동산세를 납부할 의무가 있다. (○ , ×) 제35회

10 다음은 재산세의 분리과세 대상 토지를 열거한 것이다. 가장 관계가 없는 것은?

① 과수원 ② 공장용지

③ 주택에 딸린 토지 ④ 종중소유 임야

⑤ 목장

출제빈도 제17회, 제18회, 제19화, 제21회, 제22회, 제23회, 제24회, 제27회, 제29회, 제30회, 제31회, 제34회

강의 내용을 여기에 적으세요.

기출문제

01 「지방세법」상 분리과세대상 토지 중 재산세 표준세율이 같은 경우로 묶어 보면?

기출응용

⍟ 과세기준일 현재 특별시지역의 도시지역안의 녹지지역에서 실제 영농에 사용되고 있는, 개인이 소유하는 전(田)

ⓛ 1990년 5월 31일 이전부터 관계법령에 의한 사회복지사업자가 복지시설의 소비용에 공하기 위하여 소유하는 농지

ⓒ 종중소유의 농지

ⓔ 「방위사업법」 제53조에 따라 허가받은 군용화약류시험장용 토지

ⓜ 「여객자동차 운수사업법」에 따라 면허 또는 인가를 받은 자가 계속하여 사용하는 여객자동차터미널용 토지

02 「지방세법」상 재산세의 과세표준과 세율에 관한 설명으로 옳은 것을 모두 고르면? 제22회, 제31회, 제32회

> ⊙ 지방자치단체의 장은 조례로 정하는 바에 따라 표준세율의 100분의 50의 범위에서 가감할 수 있으며, 가감한 세율은 해당 연도부터 3년간 적용한다.
>
> ⓒ 법령이 정한 고급오락장용 토지의 표준세율은 1천분의 40이다.
>
> ⓒ 주택의 과세표준은 법령에 따른 시가표준액에 공정시장가액비율(시가표준액의 100분의 60)을 곱하여 산정한 가액으로 한다.

03 지방세법상 다음에 적용되는 재산세의 표준세율이 가장 높은 것은? 제32회

① 과세표준이 5천만원인 종합합산과세대상 토지

② 과세표준이 2억원인 별도합산과세대상 토지

③ 과세표준이 1억원인 광역시의 군지역에서 「농지법」에 따른 농업법인이 소유하는 농지로서 과세기준일 현재 실제 영농에 사용되고 있는 농지

④ 과세표준이 5억원인 「수도권정비계획법」에 따른 과밀억제권역 외의 읍·면 지역의 공장용 건축물

⑤ 과세표준이 1억 5천만원인 주택(1세대 1주택에 해당되지 않음)

04 지방세법령상 재산세의 표준세율에 관한 설명으로 틀린 것은?

① 법령에서 정하는 고급선박 및 고급오락장용 건축물의 경우 고급선박의 표준세율이 고급오락장용 건축물의 표준세율보다 높다.

② 특별시 지역에서 「국토의 계획 및 이용에 관한 법률」에 따라 지정된 주거지역 및 해당 지방자치단체의 조례로 정하는 지역의 공장용 건축물의 표준세율은 과세표준의 1천분의 5이다.

③ 주택(1세대 1주택 아님)의 경우 표준세율은 0.1%~0.4% 누진세율로 적용한다.

④ 항공기의 표준세율은 1천분의 3으로 고급선박을 제외한 그 밖의 선박의 표준세율과 동일하다.

⑤ 지방자치단체의 장은 특별한 재정수요나 재해 등의 발생으로 조례로 정하는 바에 따라 표준세율의 100분의 50의 범위에서 가감할 수 있다. 다만, 가감한 세율은 3년간 적용한다.

05 재산세의 세율적용시 고급주택은 1천분의 40, 그 밖의 주택은 누진세율을 적용한다. (○, ×)

제22회

06 토지와 건물의 소유자가 다른 주택에 대해 세율을 적용할 때 해당 주택의 토지와 건물의 가액을 소유자별로 구분계산한 과세표준에 해당 세율을 적용한다. (○, ×)

제22회

출제빈도 제20회, 제22회, 제28회, 제30회, 제33회

1. 재산세의 비과세

(1) 국가, 지방자치단체의 소유에 재산 - 비과세

⋈ 외국정부는 상호 면세주의에 의한다. ⇨ 대한민국 정부기관의 재산에 대하여 과세하는 외국정부의 재산은 재산세 부과한다.

(2) **국가, 지방자치단체가...공공용으로 무상사용 - 비과세**

⋈ **국가, 지방자치단체가 공공용으로 유료사용 - 과세**

⋈ 국가, 지방자치단체가 소유권의 **유상이전을 약정한** 경우로서 그 재산을 취득하기 전에 **미리 사용하는 경우 - 과세**

(3) **도로 · 하천 · 제방 · 구거 · 유지 및 묘지 - 비과세**

① **도로 ⇨ 사설도로를 포함하여** 비과세 하나, 휴계시설의 도로 · 대지 안의 공지는 과세

② 제방은 비과세 단, 특정인이 전용하는 제방은 과세

(4) **...과세기준일 현재 1년 미만의** <u>임시 건축된</u> **건축물은 비과세이다.**

주의 **과세기준일 현재 1년 미만인** 토지, 사치성재산(고급오락장, 회원제 골프장, 고급주택)은 과세

(5) 산림보호법에 따른 산림보호구역,..공익상 재산세를 부과아
니할 타당한 이유있는 토지 - 비과세

    ① ...군사시설 보호구역 중 통제보호구역에 있는 토지(임야)

        ⇨ 비과세 다만...**통제보호구역에 있는 전ㆍ답ㆍ과수원**
및 대지는 과세

    ② 지정된 산림보호구역...**채종림ㆍ시험림 - 비과세**

    ③ 자연공원법에 공원자연**보존지구의 임야 - 비과세**

    ④ ...백두대간보호지역의 임야 - 비과세

(6) ...행정관청으로부터 철거받은 **건축물ㆍ주택건물**

    ⇨ 비과세. 단, 토지는 과세

01 지방자치단체가 1년 이상 공용으로 사용하는 재산으로서 유료로 사용하는 경우에는 재산세를 부과한다. (○, ×) 제32회

02 지방자치단체가 1년 이상 공용으로 사용하는 재산에 대하여는 소유권의 유상이전을 약정한 경우로서 그 재산을 취득하기 전에 미리 사용하는 경우 재산세를 부과하지 아니한다.
(○, ×) 제33회

03 「자연공원법」에 따른 공원자연보존지구의 임야는 분리과세로 납세의무 있다. (○, ×)

04 「지방세법」상 재산세 비과세 대상에 해당하는 것은? _{제30회}

① 지방자치단체가 1년 이상 공용으로 사용하는 재산으로서 유료로 사용하는 재산

② 「한국농어촌공사 및 농지관리기금법」에 따라 설립된 한국농어촌공사가 같은 법에 따라 농가에 공급하기 위하여 소유하는 농지

③ 「공간정보의 구축 및 관리 등에 관한 법률」에 따른 제방으로서 특정인이 전용하는 제방

④ 「군사기지 및 군사시설 보호법」에 따른 군사기지 및 군사시설 보호구역 중 통제보호구역에 있는 전·답

⑤ 「산림자원의 조성 및 관리에 관한 법률」에 따라 지정된 채종림·시험림

정답

1. ○
2. ×, 과세
3. ×, 자연보존지구임야는 비과세
4. ⑤

종합부동산세

출제빈도 제종합부동산세는 15회에서부터 매년마다 1문제 되었으나 제33회~제35회에서는 2문제가 출제되었다. 이는 총괄적 종합문제로 출제되고 있으니, 각 선다 ①②③④⑤마다 문제 key 잡고 푸셔야 됩니다.

1. 종합부동산세의 과세대상

종합부동산세는 **소유자**에 대해 **전국의 토지 또는 주택**의 기준 금액을 초과 경우 과세		
토 지	종합합산	5억원 초과
	별도합산	80억원 초과
주 택	공시가액 9억원 초과	
법인소유 주택은 가액에 관계없이 **과세**		
건축물	과세하지 않는다.	

2. 종합부동세의 부과징수

종합부동산세는 과세권자가 세액을 **결정**하여 고지서 발부에 의해(납부기간 12월 1일~12월 15일)징수한다. 단, **신고하고자 하는 자는 납부기간 내에 신고**한다(무신고 가산세는 없으나, 신고하고자하는 자가 과소신고한 경우는 과소신고 가산세 가 산된다).

3. 고지서 발부

고지서 발급 : 관할세무서장은 종합부동산세를 징수하려면 납부고지서에 **주택** 및 **토지**로 **구분한** 과세표준과 세액을 기재하여 **납부기간 개시 5일 전까지 발급**하여야 한다.

4. 주택 보유 현황 신고

주택을 보유한 종합부동산세 납세의무자는 해당년도 9월 16일부터 9월 30일까지 관할세무서장에게 해당 주택의 보유현황을 신고하여야 한다.

5. 종합부동산세의 납부의무가 없는 물건

문제풀이 요령 **재산세의 비례세율 적용 물건은 종합부동산세 납부의무 없다.**

☒ **종합부동산세와 관련이 없는 물건**
건축물(**주의** 건축물의 부수토지는 별도합산으로 과세대상물), 등록문화재 주택, **분리과세되는 토지**, **임대주택**(임대주택의 경우 실제 거주한 경우를 의미) **종업원 기숙사 및 사택**, 주택건설사업자의 미분양주택, 가정어린이집, **고급오락장**, **회원제 골프장 건축물 · 토지**

01 상가건물에 대해서는 종합부동산세를 과세하지 아니한다. (○, ×)
제32회

02 과세기준일 현재 토지분 자산세의 납세의무자로서 자연공원법에 따라 지정된 공원자연환경지구의 임야를 소유하는 자는 토지에 대한 종합부동산세를 납부할 의무가 있다. (○, ×)
제30회

03 종합부동산세법상 종합부동산세의 과세대상이 아닌 것을 모두 고르면?
제24회

> ⊙ 종중이 1990년 1월부터 소유하는 농지
> ⓒ 1990년 1월부터 소유하는 수도법에 따른 상수원 보호구역의 임야
> ⓒ 지방세법에 따라 재산세가 비과세되는 토지
> ⓔ 취득세 중과대상인 고급오락장용 건축물

04 종합부동산세법상 종합부동산세의 과세대상인 것은? 제23회

① 고급오락장용 토지

② 개인소유자경 농지

③ 상업용 건축물(오피스텔 제외)

④ 공장용 건축물

⑤ 무허가 건축물의 부수토지

2. 종합부동산세의 세액 산정

(1) 토지에 대한 종합부동산세 세액 산정

구 분	종합합산	별도합산
과세표준	토지의 공시가격 합계액 − 5억원 × **공정시장가액비율(100%)**	토지의 공시가격 합계액 − 80억원 × **공정시장가액비율(100%)**
세 율	1%~3%의 누진세율	0.5%~0.7%누진세율

(2) 주택에 대한 종합부동산세액 산정

구 분	일반		1세대 1주택자
과세표준	주택의 공시가격 합계액 − **9억원** × **공정시장가액비율(60%)**		주택의 공시가격 합계액 − **9억원** − **3억원** × **공정시장가액비율(60%)**
세 율	2주택 이하 ⇨ 0.5%~2.7% 누진세율		
	3주택 이상 ⇨ 0.5%~5% 누진세율		
	법 인	2주택 이하 ⇨ 2.7 %	
		3주택 이상 ⇨ 5%	

법인 소유 **주택**의 **과세표준은** 주택의 공시가액 × 공정시장가액비율(60%)이다.

① **세액공제**(세액공제는 1세대 1주택자에 한하여 적용)

> ⊙ **고령자 세액공제** ⇨ **60세 이상 + 1세대 1주택자**
> - 60세 이상~65세 미만 : 20%
> - 65세 이상~70세 미만 : 30%
> - 70세 이상 : 40% (**암기** 5년 간격 이삼사)

> ⊙ **보유세액공제** ⇨ **5년 이상 보유 + 1세대 1주택자**
> - 보유 5년 이상~10년 미만 : 20%
> - 보유 10년 이상~15년 미만 : **40%**
> - 보유 15년 이상 : **50%** (**암기** 5년 간격, 이사오시면보유)

☑ 연령별 세액공제와 장기보유세액공제는 **중복적용가능**하다(합
계 **80% 범위 내**에서)

│ 문제풀이 요령 │

"1세대 1주택"이라는 단어가 있어야 **세액공제가 된다.** 없으면
세액 공제되지 **아니**한다.

"1세대 1주택자"란 세대원 중 1명만이 1주택만을 소유한 경우를
말한다.

> ② **주택수 계산**
> > ⊙ **다가구 주택** ⇨ 1주택
> > ⊙ **임대주택과 사원용주택** ⇨ **주택수에 포함하지 아니**한다.

> ⊙ 1주택과 **상속주택**을 함께 소유한 경우 ⇨ 1세대 1주택자

ⓔ 1세대 1주택자가 1주택을 양도하기 전에 다른 주택을 대체 취득하여 일시적 2주택이 된 경우 ⇨ 신규주택을 취득한 날로부터 3년이 경과하지 아니한 경우는 1세대 1주택

ⓜ **1주택**과 공시가액 3억원 이하인 **지방저가주택**을 함께 소유한 경우 ⇨ 1세대 1주택

ⓗ 1주택(주택의 부속토지만을 소유한 경우는 제외한다)과 다른 주택의 부속토지(주택의 건물과 부속토지의 소유자가 다른 경우의 그 부속토지를 말한다)를 함께 소유하고 있는 경우 ⇨ 1세대 1주택

ⓢ **부부** 공동소유 **1주택**으로 **합산 배제 신청한 경우** ⇨ 1세대 1주택

1주택과 상속주택 · 일시적2주택 · 1주택과 공시가액 3억원 이하의 지방저가주택 · 부부 공동소유 1주택에 해당하는 납세의무자는 해당년도 9월 16일~9월 30일까지 세무서장에게 주택 보유 현황 신청하여야한다.

주의 혼인과 노부모봉양은 **주택 보유현황 신청사유 아니다.**
  ↳혼인 날~   ↳합가한 날~10년간 합가한 자별로 각각
  10년간 혼인   1세대
  자별로 각
  각 1세대

③ 기납부된 재산세액 공제

이중과세를 방지하기 위해 이미 재산세로 부과된 재산세액은
공제한다.

재산세로 부과된 세액이란 ⇨ 탄력세율이 적용된 **후** 의 세액,
세부담 상한을 적용받은 경우에는 그 상한을 적용받은 **후** 의
세액을 말한다.

④ 세부담한 상한

| 문제풀이 요령 | ,,,"**직전년도**"라는 단어를 **개별적 문제Key**로
"**세부담의 상한**" 문제이군 하고, 일반적 경우는 100분의 150까
지이다(**법인 소유 주택은 세부담상한 없다**).
주의 재산세에서 주택은 세부담상한 없으나, 종합부동산세에
서는 있다.

01 종합부동산세법령상 주택에 대한 과세에 관한 설명으로 옳은 것은?

제35회

① 「신탁법」제2조에 따른 수탁자의 명의로 등기된 신탁주택의 경우에는 수탁자가 종합부동산세를 납부할 의무가 있으며, 이 경우 수탁자가 신탁주택을 소유한 것으로 본다.

② 법인이 2주택을 소유한 경우 종합부동산세의 세율은 1천분의 50을 적용한다.

③ 거주자 甲이 2023년부터 보유한 3주택(주택 수 계산에서 제외되는 주택은 없음) 중 2주택을 2025.6.17.에 양도하고 동시에 소유권이전등기를 한 경우, 甲의 2025년도 주택분 종합부동산세액은 3주택 이상을 소유한 경우의 세율을 적용하여 계산한다.

④ 신탁주택의 수탁자가 종합부동산세를 체납한 경우 그 수탁자의 다른 재산에 대하여 강제징수하여도 징수할 금액에 미치지 못할 때에는 해당 주택의 위탁자가 종합부동산세를 납부할 의무가 있다.

⑤ 공동명의 1주택자인 경우 주택에 대한 종합부동산세의 과세표준은 주택의 시가를 합산한 금액에서 11억원을 공제한 금액에 100분의 50을 한도로 공정시장가액비율을 곱한 금액으로 한다.

02 종합부동산세법령상 토지에 대한 과세에 관한 설명으로 옳은 것은? 제35회

① 토지분 재산세의 납세의무자로서 종합합산과세대상 토지의 공시가격을 합한 금액이 5억원인 자는 종합부동산세를 납부할 의무가 있다.

② 토지분 재산세의 납세의무자로서 별도합산과세대상 토지의 공시가격을 합한 금액이 80억원인 자는 종합부동산세를 납부할 의무가 있다.

③ 토지에 대한 종합부동산세는 종합합산과세대상, 별도합산과세대상 그리고 분리과세대상으로 구분하여 과세한다.

④ 종합합산과세대상인 토지에 대한 종합부동산세의 과세표준은 해당 토지의 공시가격을 합산한 금액에서 5억원을 공제한 금액에 100분의 50을 한도로 공정시장가액비율을 곱한 금액으로 한다.

⑤ 별도합산과세대상인 토지의 과세표준 금액에 대하여 해당 과세대상 토지의 토지분 재산세로 부과된 세액(「지방세법」에 따라 가감조정된 세율이 적용된 경우에는 그 세율이 적용된 세액,세부담 상한을 적용받은 경우에는 그 상한을 적용받은 세액을 말한다)은 토지분 별도합산세액에서 이를 공제한다.

03 관할세무서장이 종합부동산세를 징수하려면 납부기간개시 5일 전까지 주택분과 토지분을 합산한 과세표준과 세액을 납부 고지서에 기재하여 발급하여야 한다. (○, ×) 제33회

04 종합부동산세를 신고납부방식으로 납부하고자 하는 납세의 무자는 종합부동산세의 과세표준과 세액을 해당 연도 12월 1일부터 15일까지 관할세무서장에게 신고하여야 한다.

(○, ×) 제33회

05 과세표준 합산의 대상에 포함되지 않는 주택을 보유한 납세 의무자는 해당연도 10월 16일부터 10월 31일까지 관할세무 서장에게 해당 주택의 보유현황을 신고하여야 한다. (○, ×) 제33회

06 종합합산과세대상인 토지에 대한 종합부동산세의 세액은 과세 표준에 1%~5%의 세율을 적용하여 계산한 금액이다. (○, ×) 제33회

07 종합부동산세로 납부해야 할 세액이 200만원인 경우 관할세 무서장은 그 세액의 일부를 납부기한이 지난 날부터 6개월 이내에 분납하게 할 수 있다. (○, ×) 제33회

08 별도합산과세대상인 토지에 대한 종합부동산세의 세액은 과세표준에 0.5%~0.8%의 세율을 적용하여 계산한 금액으로 한다. (○, ×)

09 종합합산과세대상 토지의 재산세로 부과된 세액이 세부담상한을 적용받는 경우 그 상한을 적용받기 전의 세액을 종합합산과세대상 토지분 종합부동산세액에서 공제한다. (○, ×)

10 종합부동산세 과세대상 1세대 1주택자로서 과세기준일 현재 해당 주택을 12년 보유한 자의 보유기간별 세액공제에 적용되는 공제율은 100분의 40이다. (○, ×)

11 과세기준일 현재 만 60세 이상인 자가 보유하고 있는 종합부동산세 과세대상인 토지에 대하여는 연령에 따른 세액공제를 받을 수 있다. (○, ×)
제21회

12 관할세무서장은 납부하여야 할 종합부동산세의 세액을 결정하여 해당 연도 12월 1일부터 12월 15일까지 부과·징수한다.
(○, ×) 제34회

13 3주택 이상 소유한 경우 직전년도에 당해 주택에 부과된 주택에 대한 총세액상당액으로서 100분의 300을 초과하는 경우에는 그 초과하는 종합부동산세의 세액에 대하여는 이를 없는 것으로 본다. (○, ×)
제28회

14 관할세무서장은 종합부동산세로 납부하여야 할 세액에 250만원을 초과하는 경우에는 대통령령으로 정하는 바에 따라 그 세액의 일부를 납부기한이 지난 날부터 6개월 이내에 분납하게 할 수 있다. (○, ×)

제34회

정답

1. ③
2. ⑤
3. ×, 주택과 토지를 구분한 과세표준
4. ○
5. ×, 9월 16일~30일
6. ×, 종합합산 세율은 1%~3% 누진세율
7. ×, 종합부동산세 분납은 250만 초과 경우 - 일부 - 6개월
8. ×, 별도합산 세율은 0.5%~0.7% 누진세율
9. ×, 세부담상한을 적용받는 경우 그 상한을 적용받은 세액을 종합합산과세대상 토지분 종합부동산세액에서 공제
10. ○
11. ×, 세액공제는 1세대 1주택에 한하여 적용한다.
12. ○
13. ×, 100분의 150을 초과하는 경우 초과분은 없는 것으로 본다.
14. ○

부동산임대업-사업소득

출제빈도 제20회, 제22회, 제23회, 제24회, 제25회, 제31회, 제33회, 제34회, 제35회 출제

1. 소득세

개인에게 1과세기간 내에서 발생한 이자소득·배당소득·근로소득·사업소득·연금소득·기타소득은 그 개인에 발생한 다른 소득과 합산하여 종합소득세로 과세한다.

> **주의** 양도소득은 다른 소득과 합산하지 않고 <u>구분과세</u>하는 분류과세를 채택하고 있다.

2. 부동산임대업에 대한 사업소득(미등기인 경우 **과세**)

① 부동산과 부동산상의 권리(지상권과 지역권 포함)대여로 인해 발생한 소득은 부동산임대소득이다(제23회, 제28회, 제31회, 제35회 기출).

   ☑ 공익사업과 관련된 지역권·지상권의 설정·**대여소득은 기타소득**으로 다른 소득과 합산한다.

② 공장재단 또는 광업재단의 대여로 인해 발생한 소득은 부동산임대소득이다(제35회 기출).

③ 자기소유의 부동산을 타인의 담보물로 사용케 하고 받는 대가로 인해 발생한 소득은 부동산임대소득이다(제23회 기출).

④ 광고용으로 토지·가옥의 옥상 또는 측면을 사용케 하고 받는 대가로 인해 발생한 소득은 부동산임대소득이다.
⑤ 부동산 매매업자 또는 건설업자가 판매를 목적으로 취득한 토지 등의 부동산을 일시적으로 대여하고 얻은 소득은 부동산임대소득이다.

(1) **부동산임대소득의 비과세**

① 전답을 **작물생산에 이용하게 함**으로 발생하는 소득 ⇨ **비과세**
☑ 전답을 작물생산이 아닌 다른 용도(주차장·하치장 등)로 이용하게 하고 받는 소득은 과세

---

② 비과세되는 주택의 임대소득
   1개의 주택을 소유하는 자가 해당 주택을 임대하고 지급받는 소득은 비과세
☑ **국외에 소재하는** 주택의 임대소득은 **주택 수에 관계없이 과세**한다.
☑ 고가주택
   "고가주택"이란 과세기간 종료일 **기준시가 12억원을 초과**하는 주택 [주의] 1주택으로 고가주택의 임대인 경우 사업소득으로 과세 전세금은 과세하지 않고, **월세에 대해 과세**

③ 주택수 계산

> ㉠ 다가구주택은 1개의 주택(구분 등기 – 각각)
> ㉡ 공동소유의 주택은 지분이 가장 큰 자의 소유(고가주택은 각자)
> ㉢ 본인과 배우자가 각각 주택을 소유 – 합산

⑵ 부동산임대소득금액

① 부동산임대소득금액 = 당해연도의 총수입금액 – 필요경비

> ㉠ 총수입금액 ⇨ 월세수령액 + 간주임대료 + 관리비
>
> > 부동산임대소득의 수입시기
> > ⓐ 지급일이 정하여 진 것은 **정하여진 날**
> > ⓑ 지급일이 정하여지지 아니한 것은 그 지급 받은 날
>
> ㉡ 임대료이외의 관리비를 받는 경우에는 이를 총수입금액에 산입
> ㉢ 부동산임대소득이 있는 거주자가 해당 사업용 자산의 손실로 취득하는 **보험차익**은 **총수입금액에 산입**

② 중요 **간주 임대료**

- 상가보증금은 월세로 간주하여 간주임대료로 총수입금액에 산입한다.
- **3주택 + 보증금합계액이 3억원 초과**의 경우를 **제외한 나머지 주택**의 전세금은 **간주임대료로 과세하지않**는다. 주택은 월세 과세

☑ 간주임대료 계산할 때 **공제되는** 임대사업부문에서 발생한 **금융 수익은** 수입이자와 할인료 및 배당금의 합계액을 말한다. 여기에는 유가증권의 처분이익은 포함되지 않는다.

③ 결손금 공제

해당 과세기간의 **주거용 건물 임대업을 제외**한 부동산임대업에서 발생한 결손금은 그 과세기간의 종합소득과세표준을 계산할 때 공제하지 않는다. ⇨ **주거용 건물 임대업에서 발생한 결손금은** 종합소득과세표준을 계산 할 때 **공제한다**.

④ 주택 임대업에서 발생한 수입금액의 과세하는 방법

해당 과세기간에 **주거용 건물 임대업**에서 발생한 **수입금액의 합계액이 2천만원 이하인 자의 주거용 임대소득은** 종합과세와 **14% 분리과세 중** 하나를 선택하여적용 다른 소득과 합산하여 종합소득으로 다음연도 5월 1일~5월 31일까지 신고한다.

01 3주택 이상을 소유한 거주자가 주택과 주택부수토지를 임대
한 경우에는 법령으로 정하는 바에 따라 계산한 금액(간주임
대료)을 총수입금액에 산입한다. (○, ×)　　　제33회

02 주택 2채를 소유한 거주자가 1채는 월세계약으로 나머지 1채
는 전세계약의 형태로 임대한 경우, 월세계약에 의하여 받은
임대료에 대해서만 소득세가 과세된다. (○, ×)　　　제26회

03 **소득세법상 거주자의 부동산과 관련된 사업소득에 관한 설
명으로 옳은 것은?**　　　제31회

① 국외에 소재하는 주택의 임대소득은 주택 수에 관계없이
과세하지 아니한다.

② 공익사업과 관련하여 지역권을 대여함으로 발생하는 소
득은 부동산업에서 발생하는 소득으로 한다.

③ 부동산임대업에서 발생하는 사업소득의 납세지는 부동
산 소재지로 한다.

④ 국내에 소재하는 논·밭을 작물 생산에 이용하게 함으로
써 발생하는 사업소득은 비과세이다.

⑤ 주거용 건물 임대업에서 발생한 결손금은 종합소득 과세
표준을 계산할 때 공제하지 아니한다.

04 주택 1채만을 소유한 거주자가 과세기간 종료일 현재 기준시가 13억원인 해당 주택을 전세금을 받고 임대하여 얻은 소득에 대해서는 소득세가 과세되지 아니한다. (○, ×) 제25회

05 2주택과 2개의 상업용 건물을 소유하는 자가 보증금을 받은 경우 2개의 상업용 건물에 대하여만 법령으로 정하는 바에 따라 계산한 간주 임대료를 사업소득 총수입금액에 산입한다.
(○, ×) 제24회

06 주택임대로 인하여 발생하는 소득에 대한 총수입금액의 수입할 시기는 계약에 의하여 지급일이 정하여진 경우, 그 월세 수령일로 한다. (○, ×) 제20회

07 소득세법령상 거주자의 부동산과 관련된 사업소득에 관한 설명으로 옳은 것은? 제35회

① 해당 과세기간의 종합소득금액이 있는 거주자(종합소득 과세표준이 없거나 결손금이 있는 거주자를 포함한다)는 그 종합소득 과세표준을 그 과세기간의 다음 연도 5월 1일부터 5월 31일까지 대통령령으로 정하는 바에 따라 납세지 관할 세무서장에게 신고하여야 하며, 해당 과세기간에 분리과세 주택임대소득이 있는 경우에도 이를 적용한다.

② 공장재단을 대여하는 사업은 부동산임대업에 해당되지 않는다.

③ 해당 과세기간의 주거용 건물 임대업을 제외한 부동산임대업에서 발생한 결손금은 그 과세기간의 종합소득과세표준을 계산할 때 공제한다.

④ 「공익사업을 위한 토지 등의 취득 및 보상에 관한 법률」 제4조에 따른 공익사업과 관련하여 지역권을 설정함으로써 발생하는 소득은 부동산업에서 발생하는 소득에 해당한다.

⑤ 사업소득에 부동산임대업에서 발생한 소득이 포함되어 있는 사업자는 그 소득별로 구분하지 않고 회계처리하여야 한다.

1. ×, 3주택 + 보증금 3억원 초과 경우 간주임대료로 산입
2. ○
3. ④
   ① 국외주택은 과세
   ② 공익사업과 관련된 지역권의 대여, 지상권의 대여는 기타소득
   ③ 납세지는 거주자의 주소지
   ⑤ 주거임대업의 결손금은 종합소득 과세표준에서 공제한다.
4. ○
5. ○
6. ×, 수령일 ⇨ 정해진 날
7. ①
   ② 공장재단을 대여하는 사업은 부동산임대업에 해당된다.
   ③ 해당 과세기간의 주거용 건물 임대업을 제외한 부동산임대
      업에서 발생한 결손금은 그 과세기간의 종합소득과세표준을
      계산할 때 공제하지 아니한다.
   ④ 「공익사업과 관련하여 지역권을 설정함으로써 발생하는 소
      득은 기타소득에 해당한다.
   ⑤ 사업소득에 부동산임대업에서 발생한 소득이 포함되어 있는
      사업자는 그 소득별로 구분하여 회계처리하여야 한다.

출제빈도 제3회, 제9회, 제11회, 제12회, 제13회, 제14회, 제
15회 추가, 제16회, 제17회, 제18회, 제19회, 제20회, 제21회, 제
23회, 제24회, 제25회, 제26회, 제28회, 제34회, 제35회 출제

소득세는 열거주의에 의해 과세되어 열거된 과세대상물을 양
도한 경우 양도소득세가 과세된다. 이는 민법과 연결된 내용
으로 민법적 내용을 고찰하여 이해하여 숙지하여야 한다.

1. 양도의 의의

① 양도란 과세대상물을 <u>등기·등록에 관계없이</u> 매도·교환·현
물출자·대물변제·경매·수용·부담부증여 등으로 인하
여 <u>그 자산이 유상으로</u> 사실상 이전되는 것을 말한다.

　• 소유권 이전한 자는 개인이어야 한다.
　• 과세대상물 + 유상 + 사실상 소유권 이전

② <u>양도소득은</u> 고정자산의 <u>보유이득</u>이 양도에 의하여 <u>일시에</u>
실현된 것을 과세 만약 판매 목적으로 보유 된 자산을 양
도한 경우는 사업 소득으로 다른소득과 합산하여 <u>종합소
득세 과세한다.</u>

양도소득세 문제에서.. **"판매목적"**..을 개별적 문제key로 사업소득으로 **종합소득세 과세한다.**

2. 양도소득세의 과세대상물

(1) **사용되는 자산으로서 부동산**(토지, 건물)
   ☑ 무체재산권(광업권, 어업권, 영업권) ⇨ ×
   ☑ 준부동산(차량 · 기계장비 · 항공기 · 선박) ⇨ ×

(2) **부동산의 권리**
   ① 지상권
   ② 전세권
   ③ 등기된 부동산임차권

   지역권은 양도소득세 **과세아니며, 임차권**은 꼭 **등기된** 경우에 **한**한다.

   ④ 부동산을 취득할 수 있는 권리
      ㉠ 아파트분양권
      ㉡ 조합원입주권
      ㉢ 토지상환채권 · 주택상환사채
      ㉣ 부동산매매계약을 체결한 자가 계약금만 지급 상태에서 양도하는 권리(아파트 분양 당첨의 의미)

○○채권에서 상환 단어가 있고 부동산이 나오면 부동산취득
권리로 과세 대상이다. 상환 단어가 없는 채권·사채는 양도소
득세 과세대상 아니다.

(3) 대주주의 상장주식

(4) 비상장주식(= 장외거래) ⇨ 대주주, 소액주주

> ▌문제풀이 요령 ▌ 주식은 상장주식의 소액주주만 과세하지
> 않고, 나머지의 주식에대해서는 과세한다.

(5) 파생상품

(6) **기타 자산**

① 소유주식수 50% + 부동산차지비율 50% + 양도 50%
② 휴양업법인 + 부동산차지비율 80% + 1주식 양도
③ 특정시설물 이용·회원권
④ 사업용 고정자산과 **함께** 양도하는 영업권
⑤ 토지·건물과 **함께** 양도하는 이축권(해당 이축권 가액을
    대통령이 정하는 방법에 따라 **별도로 평가**하여 신고한 경
    우는 **제외**)

┃ 문제풀이 요령 ┃ 양도소득세의 문장에서,,,**"이용"** 또는 **"회원권"** 단어 있으면 과세대상, 영업권과 이축권이 나오는 문장에서 **"함께"**라는 단어있으면 과세 대상이다.영업권과 이축권이 나오는 문장에서 **"함께"**라는 단어없으면 무체재산권으로 과세대상 아니다. 예를 들어 별도로 분리하여 평가된 이축권·영업권은 무체재산권으로 과세대상이 아니다.

⑺ 신탁수익권

신탁 수익권의 양도를 통하여 신탁재산에 대한 **지배·통제권이 사실상 이전**되는 경우는 신탁재산 자체의 **양도로 본**다.

> 위탁자와 수탁자 간 신임관계에 기하여 위탁자의 자산에 **신탁**이 설정되고 그 신탁재산의 소유권이 수탁자에게 이전된 경우로서 **위탁자가** 신탁 설정을 해지하거나 신탁의 수익자를 변경할 수 있는 등 신탁재산을 **실질적으로 지배하고 소유**하는 것으로 볼 수 있는 경우는 **양도로 보지 아니한다**.

┃ 문제풀이 요령 ┃ 양도소득세의 양도문제에서....**신탁**이란 단어가 있던지..**위탁자가** ...**실질적 지배** ..이 말이 있으면 **양도가 아니다**.

01 소득세법령상 다음의 국내자산 중 양도소득세 과세대상에 해당하는 것을 모두 고른 것은? (단, 비과세와 감면은 고려하지 않음) 제35회

> ㉠ 토지 및 건물과 함께 양도하는 「개발제한구역의 지정 및 관리에 관한 특별조치법」에 따른 이축권(해당 이축권 가액을 대통령령으로 정하는 방법에 따라 별도로 평가하여 신고하지 않음)
> ㉡ 조합원입주권
> ㉢ 지역권
> ㉣ 부동산매매계약을 체결한 자가 계약금만 지급한 상태에서 양도하는 권리

02 사업용 건물과 함께 양도하는 영업권은 양도소득세 과세대상이다. (○, ×) 제28회

03 법인의 주식을 소유하는 것만으로 시설물을 배타적으로 이용하게 되는 경우 그 주식의 양도는 양도소득세 과세대상이다. (○, ×)

04 등기되지 않은 부동산임차권의 양도는 양도소득세 과세대상이다. (○, ×) 제28회

05 소득세법상 양도소득의 과세대상자산을 모두 고르면 몇 개인가?

제25회

> ㉠ 지역권   ㉡ 등기된 부동산임차권
> ㉢ 전세권
> ㉣ 건물이 완성되는 때에 그 건물과 이에 딸린 토지를 취득할 수 있는 권리
> ㉤ 영업권(사업용 고정자산과 분리되어 양도되는 것)

06 소득세법령상 거주자의 양도소득세 과세대상은 모두 몇 개인가? (단, 국내소재 자산을 양도한 경우임)

제34회

> ㉠ 전세권
> ㉡ 등기되지 않은 부동산임차권
> ㉢ 사업에 사용하는 토지 및 건물과 함께 양도하는 영업권
> ㉣ 토지 및 건물과 함께 양도하는 「개발제한구역의 지정 및 관리에 관한 특별조치법」에 따른 이축권(해당 이축권의 가액을 대통령령으로 정하는 방법에 따라 별도로 평가하여 신고함)

정답

1. 양도소득의 과세대상물은 ㉠, ㉢, ㉣이다.   2. ○   3. ○
4. ×, 과세대상이 아니다.
5. 양도소득 과세대상물은 ㉡, ㉢, ㉣으로 3개
6. ㉠, ㉢으로 2개

3. 양도에 해당되는 경우

(1) 매도 · 매각 ⇨ 양도

(2) 교환 ⇨ 양도

① 교환계약이 취소되었으나 선의의 제3취득자로 인해 소유권이전등기를 환원하지 못하는 경우는 양도에 해당하지 아니한다.

② 토지의 **경계를 합리적으로 바꾸기 위해** 공간정보 구축 및 관리 등에 관한 법률에 따른 토지의 분할 등으로 인한 **교환**은 **양도 아니다**.

┃**문제풀이요령**┃ **토지경계변경, 취소가** 있는 문장에서 교환은 양도 아니다.

예 토지 합필목적으로 한 교환 ⇨ 양도

---

(3) 대물변제 ⇨ 양도

① 이혼시 위자료 지급 갈음하여 물건의 소유권이전은 양도이다.

② 경매 · 공매 ⇨ 양도 (..경매...**자기재취득**은 양도가 **아니다**.)

(4) 개인이 법인 · 조합에 대한 현물출자 ⇨ 양도

(5) 수용 ⇨ 양도

(6) 부담부 증여
　　① ...**부담부증여** 중 **채무액 상당분** ⇨ 양도
　　② ...부담부증여...채무이외 나머지는 증여로 <u>양도 아니다.</u>

| **문제풀이 요령** | "배우자간 · 직계존비속간"을 개별적 문제key
로 잡고 뒤에 ...대가입증,,파산선고,,교환,,경 · 공매 단어가 있
으면 유상이전으로 양도이다. 없으면 증여 추정으로 수증자가
채무를 인수하지 않은 것으로 추정한다.

☑ 배우자 간 또는 직계존비속 간의 부담부증여는 증여 추정
　　배우자 간 또는 직계존비속 간의 부담부증여인 경우 채무액
　　은 <u>수증자에게 인수하지 않은 것으로 추정</u>하여 수증자가 증
　　여재산가액 전체에 대해 증여세 납부한다.

4. 양도에 해당하지 아니한 경우

(1) 무상(상속 · 증여)으로 소유권이전 ⇨ 양도 ×
주의 무상으로 받은 부동산을 매각...⇨ 양도 ○

(2) ....담보,,, **양도담보**...⇨ 양도 ×
채권자의 담보권 실행하거나 **채무를 불이행** 경우 ⇨ **양도** ○

(3) 공유지분 변경 없는 공유물 **분할** (재분할 포함) ⇨ <u>양도 ×</u>
지분변경이 있으면 지분의 감소로 **양도**이다.

(4) ,,,명의신탁 및 신탁해지...⇨ 양도 ×

신탁 수익권의 양도로 신탁재산에 대한 **지배권이 사실상 이전**되는 경우는 <u>양도</u>에 해당한다.

양도소득세의 양도문제에서....**신탁**이란 단어가 있던지..<u>위탁자가</u> ...<u>실질적 지배</u> ..이 말이 있으면 <u>양도가 아니다.</u>

(5) 환지처분 · <u>보류지 충당</u>(= 보류지 증가) ⇨ <u>양도 ×</u>
   주의 환지의 매각 · 보류지의 매각은 양도이다.
      환지로인해 권리의 면적 감소 ⇨ 양도, 권리의 면적이 증가 ⇨ 취득
(6) <u>매매원인 무효 소</u> ...소유권 환원 ⇨ <u>양도 ×</u>
   주의 <u>적법하게 소유권이전</u> .... ⇨ 양도이다.

01 증여자인 매형의 채무를 수증자가 인수하는 부담부증여인 경우에는 증여가액 중 그 채무액에 상당하는 부분은 그 자산이 유상으로 사실상 이전되는 것으로 본다. (○, ×) 제19회

02 법원의 확정판결에 의한 이혼위자료로 배우자에게 토지의 소유권을 이전하는 경우는 양도로 보지 아니한다. (○, ×)

제26회

03 소득세법상 양도소득세 과세대상이 아닌 것은? 제23회

> ㉠ 토지의 일부가 보류지로 충당되는 경우
> ㉡ 지방자치단체가 발행한 토지상환채권을 양도 경우
> ㉢ 이혼으로 인하여 혼인 중에 형성된 부부공동재산을 재산분할하는 경우
> ㉣ 개인이 토지를 법인에 현물출자하는 경우
> ㉤ 주거용 건물건설업자가 당초부터 판매할 목적으로 신축한 다가구주택을 양도하는 경우

04 「소득세법」상 양도에 해당하는 것은? (단, 거주자의 국내 자산으로 가정함)

제28회

① 「도시개발법」이나 그 밖의 법률에 따른 환지처분으로 지목이 변경되는 경우

② 부담부증여시 그 증여가액 중 채무액에 해당하는 부분

③ 명의신탁이 해지되어 신탁자의 명의로 소유권이전 등기가 경료된 경우

④ 매매원인 무효의 소에 의하여 그 매매사실이 원인무효로 판시되어 소유권이 환원되는 경우

⑤ 본인 소유 자산을 경매로 인하여 본인이 재취득한 경우

05 공동소유의 토지를 공유자 지분 변경 없이 2개 이상의 공유토지로 분할하였다가 공동지분의 변경 없이 그 공유토지를 소유지분별로 단순히 재분할 하는 경우는 양도이다. (○, ×)

제26회

06 채무자가 채무의 변제를 담보하기 위하여 자산을 양도하는 계약을 체결한 후 채무불이행으로 인하여 당해자산을 변제에 충당한 경우는 양도소득세 과세대상이 아니다. (○, ×)

제26회

07 손해배상에 있어 당사자 간의 합의에 의하여 부동산으로 대물변제한 경우는 양도가 아니다. (○, ×)

08 담보 제공을 위한 소유권의 이전등기의 경우는 양도이다.

(○, ×)

양도소득세 비과세

---

1. 양도소득세 비과세

(1) 양도이나 양도소득세 과세되지 아니한 경우
  ① 파산선고에 의한 처분소득
  ② 농지의 교환 (농지 차액이 고가농지의 4분의 1 이하인 경우)
  ③ 지적 재조사에 의해 공부상 면적이 감소된 경우로 받은 조정금액
  ④ 1세대 1주택의 양도

(2) 1세대 1주택 및 부수토지의 양도
  ① 1세대 1주택

  > "1세대 1주택"이란 **1세대가** 양도일 현재 **국내에 1주택을 보유**하고 있는 경우로서 해당 주택의 **보유기간이 2년 이상**을 말한다. 단, 조정지역내의 1주택의 경우는 2년 보유기간 중에 2년 거주를 갖춘 경우에 2년 보유된 것으로 본다.

  ② 1세대

  > ㉠ 1세대 : 거주자 및 배우자가,,,,,동일주소에서
  > **비거주자가 국내**1주택을 2년 보유하고 양도 - 과세

ⓛ 1세대를 구성하려면 배우자가 있어야 하는 것이 원칙이다.
다음 ⓐⓑⓒ는 배우자가 없는 때에도 1세대로 본다.

  ⓐ 납세의무자의 연령이 30세 이상인 경우

  ⓑ 소득이 기준중위소득을 12개월로 환산한 금액이 40%
이상으로서 소유하고 있는 주택 또는 토지를 관리 유지
하면서 독립된 생계를 유지 할 수 있는 경우.
미성년자의 경우는 세대로 보지 않으나, 미성년자의 결
혼은 세대로 본다.

  ⓒ 배우자가 사망하거나 이혼한 경우

> 비과세되는 1세대 1주택에 있어서 부부가 각각 단독
> 세대를 구성하였을 경우에도 동일한 세대로 본다.

☒ 만약 문장에서 부부가 이혼한 경우 ⇨ 각각세대

③ 양도시점의 국내의 1주택

ⓐ 국내의 1주택을 소유하여야 하므로 **국외 주택은 주택 수에
포함하지 않고 과세**된다.
ⓛ 양도시점의 주택이므로 나대지로 양도한 경우 또는 상가로
양도한 경우는 과세된다.
ⓒ 2개 이상의 주택을 같은 날에 양도하는 경우에는 당해 거주
자가 선택하는 순서에 따라 주택을 양도한 것으로 본다.

㉣ 주택이란

  ☑ '주택'이란 양도일 현재 주거용으로 사용되는 건물과 그 부수 토지를 말한다.

  ⓐ 주택부수토지 : 건물이 정착된 면적에 지역별로 대통령으로 정하는 배율을 곱하여 산정한 면적이내의 토지를 말한다.

  ⓑ 지역별 대통령으로 정하는 배율
    • 수도권내의 도시지역내 주거지역·상업지역 및 공업지역 내의 토지 : 3배
    • 수도권내의 도시지역내 녹지지역내의 토지, 수도권지역 밖 토지 : 5배
    • 그 밖의 토지(도시지역 밖) : 10배

  ☑ 주택부수토지가 기준면적을 초과하는 경우 그 초과하는 면적에 대하여는 양도소득세가 과세된다. ⇨ 이에는 무허가 정착면적을 포함한다.

  ☑ 주택인지 여부는 건축물 대장이나 등기부등본상의 용도에 관계없이 실질적인 용도에 따라 판단한다.

• 사용인의 기거를 위하여 **공장에 부수된 건물을 합숙소로 사용**하고 있는 경우 당해 합숙소는 주택으로 보지 아니한다.
• **관광용** 숙박시설인 콘도미니엄은 주택에 해당되지 아니한다.
• 공부상의 주택인 1세대1주택을거주용이 아닌 **영업용 건물로 사용**하다가 양도하는 때에는 1세대 1주택으로 보지 아니한다.

ⓜ 주택수 판정

> ⓐ 부부인 경우 : 주택수를 합산한다.
> ⓑ 다가구주택의 경우
>   • 다가구주택,,,**구획된 부문을** 각각 하나의 주택
>   • 다가구 주택,,,**하나의 매매단위로 ,,전체를** 하나의 주택
> ⓒ 1주택을 여러 사람이 공동으로 소유하는 경우에는 각각 개개인이 1주택을 소유하는 것으로 본다.
> ⓓ **겸용주택**(= 복합주택) : **주거부분이 클때만 전부주택**
>   • **비주택면적 < 주택면적 ➡ 전부 주택**
>   **(고가주택은 주거부문만 주택)**
>   • **비주택면적 ≥ 주택면적 ➡ 주택부분만 주택**
> ⓔ **고가 주택**(실지거래가 12억원 초과주택)
>   1세대 1주택 비과세요건을 갖춘 경우에도 고가주택에 해당하는 경우에는 양도소득세가 과세된다(만약 <u>1세대 1주택에 해당되어 비과세 적용된 경우는</u> 실가 12억원 초과된 양도차익에 대해 과세한다).
>
>   > 부동산 **임대**에 대한 사업소득에서 비돠세 제외되는 고가주택은 **기준시가 12억원 초과**를 말한다.

ⓗ 1주택의 특례 ⇐ 2주택이나 1주택으로 보는 경우

> ⓐ 일시적 2주택 : ,,,일시적 2주택,,, 종전의 주택을 취득한 날부터 **1년 이상 지난 後** 다른 주택을 취득.. 그 다른 주택을 취득한 날부터 **3년 이내**에 **종전의 주택**을 **양도**하는 경우에는 1세대 <u>1주택으로 본다</u>.

ⓑ ..**60세 이상**의 직계존속을 **동거봉양**하기 위하여 세대를 합
   침으로 2주택을,,,합친 날부터 **10년 이내에** 먼저 양도하는
   주택은 이를 1세대 1주택

ⓒ ,,,**혼인함**으로써 1세대가 2주택을 보유하게 되는 경우 혼인
   한 날부터 **10년 이내**에 먼저 양도하는 주택은 1세대 1주택

ⓓ **수도권지역 밖 주택과 일반주택**을 각각 1개씩 소유하고 있
   는 1세대가 그 부득이한 사유 해소 된 날로부터 **3년 내**에
   일반주택을 양도하는 경우 1세대 1주택

ⓔ 지정문화유산주택과 일반주택 ⇨ **일반주택을** 양도하는 경
   우1세대 1주택

ⓕ 상속받은 주택과 일반주택의 1세대 2주택
   ⇨ 일반주택을 양도하는 경우1세대 1주택

ⓖ **농어촌주택과 일반주택**의 1세대 2주택
   ⇨ **일반주택을 양도**하는 경우1세대 1주택

☒ 단, 농어촌 주택의 하나인 **귀농주택**에 대해서는 그 주택을
   취득한 날부터 **5년 이내**에 **일반주택을 양도**하는 경우에 한
   하여 적용한다.

ⓗ **조합원입주권(＝)ㆍ분양권 ⇨ 주택 수에 포함**
         ↳ **소유했던 종전주택의미**

☒ ,,,**조합원입주권**,,,양도일 현재 **다른 주택이 없는** 경우,,,1세대
   1주택

☑ 양도일 현재 1조합원입주권 외에 1주택을 소유한 경우로서
해당 1주택을 취득한 날부터 **3년 이내에 해당 조합원입주권
을 양도**하는 경우,,,1세대 1주택

☑ 1세대가 **주택(부수토지포함)과 조합원입주권** 또는 분양권을
보유하다가 그 주택을 양도한 경우에는 1세대 **1주택으로 보
지아니**한다.

④ 2년 보유 : 주택의 보유기간이 2년 이상인 경우에만 1세대 1주
택으로 비과세된다. 보유기간의 계산은 취득일로부터 양도일
까지로 한다.

㉠ 보유·거주기간을 통산하는 경우
　ⓐ ...**멸실하여 재건축**하는 경우...**통산**
　ⓑ **비거주자가** 해당 주택을 3년 이상 계속 보유하고 그 주
　　택에서 거주한 상태로 **거주자로 전환**된 경우
　ⓒ ...상속개시 당시 동일세대인 경우에는...**통산**

중요

① 다음 각 ⓐⓑⓒⓓⓔ의 어느 하나에 해당하는 경우에는 그
보유기간 및 거주기간의 제한을받지 아니한다.
　ⓐ ,,,**건설임대 주택...거주기간 5년 이상**
　ⓑ ,,,**수용,,,보유,거주기간 제한없**다.
　ⓒ ,,,**해외이주로 세대전원이 출국하는 경우 ⇨ 출국일부터
　　2년 이내**에 양도하는 경우에 한한다.

ⓓ 1년 이상 계속하여 **국외거주**를 필요로 하는 취학 또는 근무상의 형편으로 세대전원이 출국하는 경우 ⇨ 출국일부터 **2년 이내에 양도**하는 경우에 한한다.

ⓔ 1년 **이상 거주**한 주택을 기획재정부령으로 정하는 **취학, 근무상의 형편, 질병의 요양**, 그 밖에 부득이한 사유로 양도하는 경우

여기에서 **사업**은 포함되지 아니함에 유념

01 사업상의 형편으로 인하여 세대전원이 다른 시·군으로 주거를 이전하게 되어 6개월 거주한 주택을 양도하는 경우 보유기간 및 거주기간의 제한을 받지 아니하고 양도소득세가 비과세된다. (○, ×)   제35회

02 상속받은 주택과 상속개시 당시 보유한 일반주택을 국내에 각각 1개씩 소유한 1세대가 상속받은 주택을 양도하는 경우에는 국내에 1개의 주택을 소유하고 있는 것으로 보아 1세대 1주택 비과세 규정을 적용한다. (○, ×)   제35회

03 「지적재조사에 관한 특별법」에 따른 경계의 확정으로 지적공부상의 면적이 감소되어 같은 법에 따라 지급받는 조정금은 비과세된다. (○, ×)   제34회

04 국가가 소유하는 토지와 분합하는 농지로서 분합하는 쌍방토지가액의 차액이 가액이 큰 편의 4분의 1을 초과하는 경우 분합으로 발생하는 소득은 비과세된다. (○, ×)   제34회

05 1주택을 여러 사람이 공동으로 소유하고 있는 경우, 양도한 해당 주택을 지분이 큰 자의 1주택으로 본다. (○, ×)

06 조합원입주권을 1개 소유한 1세대가 당해 조합원입주권을 양도하는 경우로 양도일 현재 다른 주택이 없는 경우에는 1세대 1주택으로 보지 아니한다. (○, ×)

07 1세대가 1주택을 1년 동안 보유하고 6개월동안 거주하던 중 양도한 경우로서, 근무상의 형편으로 다른 시로 이사한 경우는 양도소득세 비과세한다. (○, ×)

08 건축법에 의하여 건축허가를 받지 아니하고 건축한 주택을 양도한 경우에 1세대 1주택의 2년 보유 요건을 갖추었다면 비과세한다. (○, ×)

09 거주자가 그 배우자와 같은 주소에서 생계를 같이하고있다면 1세대로 보되, 별거하고 있으면 각각 별도의 세대로 본다. (○, ×)

10 영농의 목적으로 취득한 귀농주택으로서 수도권 밖의 지역 중 면지역에 소재하는 주택과 일반주택을 국내에 각각 1개씩 소유하고 있는 1세대가 귀농주택을 취득한 날부터 (㉠)년 이내에 일반주택을 양도하는경우에는 국내에 1개의 주택을 소유하고 있는 것으로 본다. 제33회

11 다음은 1세대 1주택의 특례내용이다. 괄호 안에 들어갈 법령상의 숫자를 순서대로 옳게 기록하면? 제28회

> • 1주택을 보유한자가 1주택을 보유한자와 혼인 함으로써 1세대가 2주택을 보유하게 되는 경우 각각 혼인한 날부터 (ㄱ)년 이내에 먼저 양도하는 주택은 이를 1세대1주택으로 보아 제154조 1항을 적용한다.
> • 1주택을 보유하고 1세대를 구성하는 자가 1주택을 보유하고 있는 (ㄴ)세 이상의 직계존속(배우자의 직계존속을 포함하며, 직계존속 중어느 한사람이 (ㄷ) 미만인 경우를 포함)을 동거봉양하기 위하여 세대를 합침으로서 1세대가 2주택을 보유하게 되는 경우 합친 날로부터 (ㄹ)년 이내에 먼저 양도하는 주택은 이를 1세대1주택으로 보아 제154조 1항을 적용한다.

12 취학 등 부득이한 사유로 취득한 수도권 밖에 소재하는 주택과 일반주택을 국내에 각각 1개씩 소유하고 있는 1세대가 부득이한 사유가 해소된 날부터 (㉡)년 이내에 일반주택을 양도하는 경우에는 국내에 1개의 주택을 소유하고 있는 것으로 보아 제154조 제1항을 적용한다. 제33회

13 파산선고에 의한 처분으로 발생하는 소득은 비과세된다.

(○ , ×) 제34회

14 소득세법상 거주자의 양도소득세 비과세에 관한 설명으로 옳은 것은? 제27회 변형

① 국내에 1주택만을 보유하고 있는 1세대가 해외이주로 세대전원이 출국하는 경우 출국일부터 3년이 되는 날 해당 주택을 양도하면 비과세된다.

② 소유하고 있던 공부상의 주택인 1세대1주택을 거주용이 아닌 영업용 건물로 사용하다가 양도하는 때에는 1세대 1주택으로 보지 아니한다.

③ 직장의 변경으로 세대전원이 다른 시로 주거를 이전하는 경우 8개월간 거주한 1주택을 양도하면 비과세된다.

④ 양도 당시 실지거래가액이 13억원인 1세대 1주택의 양도로 발생하는 양도차익 전부가 비과세된다.

⑤ 농지를 교환할 때 쌍방 토지가액의 차액이 가액이 큰 편의 3분의 1인 경우 발생하는 소득은 비과세된다.

15 「건축법 시행령」 별표 1 제1호 다목에 해당하는 다가구주택은 해당 다가구주택을 구획된 부분별로 분양하지 아니하고 하나의 매매단위로 하여 양도하는 경우 그 구획된 부분을 각각 하나의 주택으로 본다. (○ , ×)

제24회

16 다음은 1세대가 조정지역 내의 1주택에 대한 양도소득세의 비과세 적용요건 중 보유기간 및 거주기간의 제한을 받지 아니하는 경우를 나열한 것이다. 이에 해당하지 않는 것은?

① 임대주택법에 의한 건설임대주택을 취득하여 양도하는 경우로서 당해 건설임대주택의 임차일부터 양도일까지의 거주기간이 5년 이상인 경우

② 해외이주법에 의한 해외이주로 세대전원이 출국함으로써 출국일로부터 2년 내에 양도하는 경우

③ 주택 및 그 부수토지의 전부 또는 일부가 공익사업을 위한 토지 등의 취득 및 보상에 관한 법률에 의한 협의 매수·수용되는 경우

④ 1년 이상 계속하여 국외거주를 필요로 하는 취학 형편으로 세대전원이 출국함으로서 출국일부터 2년 이내에 양도하는 경우

⑤ 취득 후 1년간 보유한 주택을 사업상의 형편으로 세대전원이 다른 시·군으로 주거를 이전함으로써 양도하는 경우

17 하나의 건물이 주택과 주택 외의 부분으로 복합되어 있는 겸용주택의 경우 주택의 면적이 주택 외의 면적보다 클 때에는 주거부분만 주택으로 본다. (○, ×)

18. 토지를 매매하는 자가 매매계약서의 거래가액을 실지거래가액과 다르게 적은 경우에는 해당 자산에 대하여 양도소득세의 비과세에 관한 규정을 적용할 때, 비과세 받을 세액에서 '비과세에 관한 규정을 적용하지 아니하였을 경우의 양도소득 산출세액'과 '매매계약서의 거래가액과 실지거래가액과의 차액' 중 적은 금액을 뺀다. (○, ×)   제35회

key 28. 양도시기 또는 취득시기

> **출제빈도** 제9회, 제10회, 제11회, 제12회, 제13회, 제14회,
> 제15회, 제18회, 제25회, 제29회, 제32회, 제34회

> **출제경향** ⇨ 양도차익계산시 양도차익의 귀속이 확정되는
> 양도시기도 중요하지만, 보유기간을 판정할 때 취득시기의 확
> 정도 중요한 의미를 가진다. 이를 취득세의 취득시기와는 별
> 도의 개념으로 이해하고, 양도소득세의 문제인지, 취득세의
> 문제인지를 구별하여 문제를 풀어야 한다. 양도소득세는 **소유권**
> 개념으로, 취득세는 **빠른 날** 개념으로 법이 만들어져 있음을
> 구별하시면 됩니다.

1. 원칙 : 대금청산일

여기에서 대금이란 당해 자산의 양도에 대한 양도소득세 및 양
도소득세의 부가세액을 양수자가 부담하기로 약정한 경우에는
당해 **양도소득세 및 양도소득세의 부가세액을 '대금'에서 제**외
한다.

① 대금청산일이 불분명 : 등기등록접수일
② 대금청산일 전 등기 : 등기등록접수일

2. 거래 상황별

① **상속** - 상속개시일, 증여 - 증여받은 날
② **대금청산 일까지 미완성** ⇨ 완성일

③「도시개발법」기타 법률에 의한 **환지처분**으로 인하여 취득한 토지의 취득시기는 **그 환지처분이 있기 전 토지**, 즉 종전 토지의 취득일이 된다. 다만, 교부받은 토지의 면적이 **환지처분**에 의한 권리의 면적보다 **증가 또는 감소**된 경우에는 그 증가 또는 감소된 면적의 토지에 대한 취득시기 또는 양도시기는 환지처분의 공고가 있는 날의 **다음 날**로 한다.

> ...**환지**... 환지 받기 **전** 토지의 취득일
> ... 환지... **증가 · 감소** ... 다음날

④ 부동산의 소유권이 타인에게 이전되었다가 법원의 무효판결에 의하여 소유권이 환원되는 경우에 해당 자산의 취득시기는 그 자산의 당초 취득일이 된다.

> ...**무효판결**...당**초** 자산의취득일(판결일×)

⑤ 자가 신축 - 허가받은 경우: 사용승인서 교부일 - **무허가**: 사실상 **사용일**

⑥ ...수용... 대금청산한 날, 수용의 개시일 또는 소유권이전등기접수일 중 **빠른 날**로 한다. 다만, 소유권에 관한 소송으로 보상금이 공탁된 경우에는 소유권 관련 소송 판결 확정일로 한다. 암기 **등,대,수**

⑦ **민법**,,,부동산의 **점유로 (시효취득)** ⇨ **점유개시일**

⑧ **장기할부조건**: **사용수익일, 등기일, 인도일** 중 빠른 날

   암기 **인**, **사**, **동**, 은 장기

⑨ **경매** − 경매대금 완납일

⑩ **어음** − 결제일

01 소득세법령상 양도소득세의 양도 또는 취득시기에 관한 내
용으로 틀린 것은? 제34회

① 대금을 청산한 날이 분명하지 아니한 경우에는 등기부 ·
등록부 또는 명부 등에 기재된 등기 · 등록접수일 또는
명의개서일

② 상속에 의하여 취득한 자산에 대하여는 그 상속이 개시
된 날

③ 대금을 청산하기 전에 소유권이전등기를 한 경우에는 등
기부에 기재된 등기접수일

④ 자기가 건설한 건축물로서 건축허가를 받지 아니하고 건
축하는 건축물에 있어서는 그 사실상의 사용일

⑤ 완성되지 아니한 자산을 양도한 경우로서 해당 자산의
대금을 청산한 날까지 그 목적물이 완성되지 아니한 경
우에는 해당 자산의 대금을 청산한 날

02 「민법」 제245조 규정에 의하여 부동산의 소유권을 취득하는
경우는 당해 부동산의 점유를 개시한 날이 취득시기이다.

(○, ×)

03 소득세법상 양도소득세 과세대상 자산의 양도 또는 취득의 시기로 틀린 것은?

제32회 변형

① 「도시개발법」에 따라 교부받은 토지의 면적이 환지처분에 의한 권리면적보다 증가 또는 감소된 경우 : 환지처분의 공고가 있은 날의 다음 날

② 「도시개발법」 기타 법률에 의한 환지처분으로 인하여 취득한 토지의 취득시기는 그 환지처분이 있기 전 토지, 즉 종전토지의 취득일

③ 기획재정부령이 정하는 장기할부조건의 경우 : 소유권이 전등기(등록 및 명의개서를 포함) 접수일·인도일 또는 사용수익일 중 빠른 날

④ 소유권에 관한 소송으로 보상금이 공탁된 경우에는 소유권 관련 보상금 공탁일

⑤ 증여에 의하여 취득한 부동산의 경우 : 증여를 받은 날

04 부동산의 소유권이 타인에게 이전되었다가 법원의 무효판결에 의하여 해당 자산의 소유권이 환원된 경우 의 양도소득세 취득시기는 법원의 무효판결일이다. (○, ×)

05 수용에 의한 양도 또는 취득의 시기는 협의 매수일이다. (○, ×)

06 교부받은 토지의 면적이 환지처분에 의한 권리의 면적보다 증가 또는 감소된 경우에는 그 증가 또는 감소된 면적의 토지에 대한 취득시기 또는 양도시기는 환지 받은 날을 취득일로 한다. (○, ×)

key 29. 양도차익

소득세법 제100조【양도차익의 산정】 ① 양도차익을 계산할 때 양도가액을 **실지거래가액**에 따를 때에는 취득가액도 **실지거래가액**에 따르고, 양도가액을 **기준시가**에 따를 때에는 **취득가액도 기준시가**에 따른다.

1. 실지거래가액에 의한 양도차익

> 양도차익 = 양도가액 − 실지거래가필요경비
> (실지취득가액, 자본적지출, 양도비)

(1) 양도가액

소득세법 제96조【양도가액】 ① 양도소득세 과세대상에 따른 자산의 양도가액은 그 자산의 양도 당시의 **양도자와 양수자 간에 실지거래가액**에 따른다.

① 원칙 ⇨ 양도시점의 실지거래가에 의한 총수 입금액

② 상황별에 따른 양도가액

㉠ 실지거래가격이 **확인되지 않는 경우** 추계조사 결정특례

  ⓐ 매매사례액⇨감정평가액⇨환산취득가액 ⇨기준시가

  ⓑ 양도가액의 경우 추계결정 순서

   매매사례가액 ⇨ 감정평가액 ⇨ 기준시가

암기 (**매** 일 **감 기** 걸려 양도)

주의

ⓒ **환산가액은 양도가액을 추계할 경우에는 적용할 수 없**지만 **취득가액을 추계할 경우에는 적용할 수 있다.**

ⓓ 거주자가 건물을 **신축**하고 그 **신축한 건물의 취득일부터 5년 이내에 해당 건물을 양도하는 경우로서 환산가액을 그 취득가액으로하는 경우에는** 해당 건물 **환산가액의 100분의 5에 금액을 양도소득 결정세액에 더한다.**

㉡ 부당행위계산의 부인 = **특수관계인과의 거래** + 부당히 회피

특수관계자에게 자산을 시가보다 저가로 양도한 경우에는 **시가**에 의하여 양도가액을 계산한다.

⇨ 시가와 거래가의 차액이 3억 이하

⇨ 시가와 거래가의 차액이 시가의 5% 이상

---

(2) 실지거래가에 의한 필요경비

취득에 든 실지거래가액 + 자본적지출 + 양도비용
(증빙 또는 은행 지출입증의 경우 인정)

① 취득에 든 실지거래가액

> ㉠ 실지취득가액 = 매입가액 + 부대비용(사용가능시점까지
> 비용)
>> ⓐ 취득세는 납부영수증이 없는 경우에도 양도소득금액 계
>> 산시 필요경비로 공제한다.
>
> <mark>주의</mark> 재산세 · 종합부동산세 · 지역자원시설세 · **상속세 · 증
> 여세는** 필요경비에 **산입되지 아니**한다.

> ㉡ 당사자가 약정에 의한 대금지급방법에 따라 취득가액에 이
> 자상당액을 가산하여 거래가액을 확정하는 경우 당해 이자
> 상당액은 취득가액에 포함한다. 단 당초 약정에 의한 거래
> 가액에 지급기일의 지연으로 인하여 추가로 발생하는 이자
> 상당액은 취득가액에 포함하지 아니한다.
>
> | "약정에
의한"대금지급방법... | 원칙 : 이자 | 필요경비
포함 |
> |---|---|---|
> | | 지연.....이자 | 필요경비
불(不) 포함 |

ⓒ 사업자가 자산을 장기할부조건으로 매입하고 기업회계기준에 의하여 현재가치할인차금을 취득가액과 구분하여 계상한 경우에도 **현재가치할 인차금**을 취득가액에 포함한다. 단 양도자산의 보유기간 중에 그 현재가치 상각액을 각연도의 **사업소득금액 계산시 필요경비에 산입**하였거나 산입할 금액이 있는 경우에는 이를 <u>취득가액에서 공제</u>한다(= 필요경비에 산입되지 아니한다).

ⓓ 취득관련 쟁송자산의 소유권확보에 직접 소요된 소송비용 · 화해비용 등은 필요경비에 포함한다. 단, 직접 소요된 소송비용 · 화해비용 등을 **사업소득금액 계산시 필요경비에 산입**하였거나 산입할 금액이 있는 경우에는 이를 <u>취득가액에서 공제</u>한다(= 필요경비에 산입되지 아니한다).

▌ 문제풀이 요령 ▌

key word	구 분	
현재가치할 인차금	원 칙	필요경비 포함
	필요경비 산입	불 포함
취득시 쟁송관련 소송비	원칙	필요경비 포함
	필요경비산입	불 포함
	필요경비산입 제외	필요경비 포함
감각상각비	원칙	필요경비 포함
	필요경비산입	불 포함

특수관계인과의 거래인 경우로 시가를 초과액 ⇨ 불포함

> 주의 **지적재조사**로 지적공부상의 **면적이 증가**되어 징수한 조정금은 그 동안 지적공부 면적보다 더 많은 면적을 납세 없이 사용하여 **취득가액에서 공제한다(= 필요경비불포함)**.

② 자본적지출

> ㉠ 의의 : 취득 후 지출로서 실질가치가 증가되는 지출 또는 내용년수가 증가되는 지출
> KEY **개량, 이용편의, 용도변경**
>
> > 주의 **수익적지출은 포함되지 아니**한다.
> > 수익적지출은 취득 후의 지출로서 **원상회복** 또는 **능률유지**를 위한 지출로서 양도시의 가치변동이 일어나지 않으므로 포함되지 아니한다.

㉡ 자본적 지출의 예시

> ⓐ 양도자산을 취득한 후 쟁송이 있는 경우에 그 소유권을 확보하기 위하여 직접 소요된 소송비용·화해비용 등의 금액으로서 그 지출한 연도의 각 소득금액의 계산에 있어서 **필요경비에 산입된 것을 제외**한 금액
> ⓑ 토지 등이 수용되는 경우로서 그 보상금의 증액과 관련하여 직접 소요된 소송비용·화해비용 등의 금액으로서 그 지출한 연도의 각 소득금액의 계산에 있어서 필요경비에 산입된 것을 제외한 금액. 이 경우 **증액보상금을 한도**로 한다.

ⓒ ...개발부담금   ⓓ ..재건축부담금   ⓔ...**수익자부담금은 자
본적지출에 포함**한다.

ⓒ 양도비용

ⓐ 의의 : 자산을 양도하기 위하여 직접 지출한 비용을 말한다.
   자산을 <u>양도하기 위하여</u> **직접** 지출한 비용에는 자산을 양
   도하기 위한 **계약서 작성비용 · 공증비용 · 인지대 · 소개비 ·
   양도소득세신고서 작성비** 등을 포함한다.
ⓑ 주식을 양도한 경우의 **증권거래세**도 포함한다.

양도비용 = 양도시 소요된 직접비용으로 지급된 <u>수수료</u>, 금
융기관 **한도의** <u>채권의 매각차손</u>

2. 기준시가에 의한 양도차익

(1) 기준시가에 의한 양도차익

양도시점의 기준시가 − [취득시점의 기준시가 + 필요경비
개산공제]

(2) 필요경비개산공제[**취득당시 기준시가 3%(미등기는 0.3%)
취득가액을 환산**한 경우(= **취득가액을 추계결정경우**)]에
는 자본적 지출 및 양도비용 대신 **필요경비 개산공제**를 공
제한다. 따라서 **자본적 지출과 양도비용은 실지거래가인 경
우에 적용**됨을 알 수 있다.

01 취득원가에 현재가치할인차금이 포함된 양도자산의 보유기
간 중 사업소득금액 계산시 필요경비로 산입한 현재가치할
인차금상각액은 양도차익을 계산할 때 양도가액에서 공제할
필요경비로 본다. (○, ×)   제31회

02 건물을 신축하고 그 취득일부터 3년 이내에 양도하는 경우로
서 감정가액을 취득가액으로 하는 경우에는 그 감정가액의
100분의 3에 해당하는 금액을 양도소득 결정세액에 가산한다.
(○, ×) 제33회

03 거주자가 특수관계인과의 거래(시가와 거래가액의 차액이
5억원임)에 있어서 토지를 시가에 미달하게 양도함으로써
조세의 부담을 부당히 감소시킨 것으로 인정되는 때에는 그
양도가액을 시가에 의하여 계산한다. (○, ×)   제31회

04 취득가액을 실지거래가액에 의하는 경우 당초 약정에 의한
지급기일의 지연으로 인하여 추가로 발생하는 이자상당액은
취득원가에 포함하지 아니한다. (○, ×)   제28회

05 특수관계인 간의 거래가 아닌 경우로서 취득가액인 실지거 래가액을 인정 또는 확인할 수 없어 그 가액을 추계결정 또 는 경정하는 경우에는 매매사례가액, 감정가액, 기준시가의 순서에 따라 적용한 가액에 의한다. (○, ×) 제28회

06 토지를 취득함에 있어서 부수적으로 매입한 채권을 만기 전 에 양도함으로써 발생하는 매각차손은 채권의 매매상대방과 관계없이 전액 양도비용으로 인정된다. (○, ×) 제28회

07 취득세는 납부영수증이 없으면 필요경비로 인정되지 아니한다. (○, ×)

08 주택의 취득대금에 충당하기 위한 대출금의 이자지급액은 필요경비에 포함된다. (○, ×) 제22회

09 취득당시 실지거래가액을 확인할 수 없는 경우에는 매매사 례가액, 환산가액, 감정가액, 기준시가를 순차로 적용하여 산 정한 가액을 취득가액으로 한다. (○, ×) 제26회

10 소득세법상 사업소득이 있는 거주자가 실지거래가액에 의해 부동산의 양도차익을 계산하는 경우 양도가액에서 공제할 자본적 지출액 또는 양도비에 포함되지 않는 것은? 제27회

① 자산을 양도하기 위하여 직접 지출한 양도소득세과세표준신고서 작성비용

② 납부의무자와 양도자가 동일한 경우 재건축초과이익환수에 관한 법률에 따른 재건축부담금

③ 양도자산의 이용편의를 위하여 지출한 비용

④ 양도자산의 취득 후 쟁송이 있는 경우 그 소유권을 확보하기 위하여 직접 소요된 소송비용으로서 그 지출한 연도의 각 사업소득금액 계산시 필요경비에 산입된 금액

⑤ 자산을 양도하기 위하여 직접 지출한 공증비용

11 취득가액을 매매사례가액으로 계산하는 경우 취득당시 개별공시지가에 3/100을 곱한 금액이 필요경비에 포함된다. (○, ×) 제26회

12 취득가액을 실지거래가액으로 계산하는 경우 자본적 지출액은 필요경비에 포함된다. (○, ×) 제26회

13 실지거래가액방식에 의한 양도차익의 산정에 있어서 필요경비에 포함되는 것은?

① 양도한 자산의 능률유지를 위해 지출한 수선비

② 특수관계자와의 거래로서 부당행위계산의 부인규정에 의한 시가초과액

③ 당초 약정에 의한 거래가액에 지급기일의 지연으로 인하여 추가로 발생하는 이자상당액

④ 양도자산 보유기간 중에 그 자산에 대한 감가상각비로서 각 연도의 사업소득금액의 계산에 있어서 필요경비에 산입하였거나 산입할 금액이 있는 때에는 그 금액

⑤ 하천법·특정다목적댐법 기타 법률에 의하여 시행하는 사업으로 인하여 당해 사업구역 내의 토지소유자가 부담한 수익자부담금·환지청산금 등의사업비용과 개발이익환수에 관한 법률에 의한 개발부담금

정답

1. ×, 사업소득에 산입된 현재가치 할인차금은 필요경비 불포함
2. ×, 3년 ⇨ 5년, 100분의 3 ⇨ 100분의 5   3. ○   4. ○
5. ×, 매 – 감 – 기 ⇨ 매 – 감 – 환 – 기
6. ×, 전액 ⇨ 은행한도
7. ×, 취득세는 영수증이 없어도 인정
8. ×, 대출이자 필요경비 불포함
9. ×, 매 – 감 – 환 – 기
10. ④ 감가상각비 – 필요경비 산입은 필요경비 불포함
11. ○   12. ○   13. ⑤

key 30. 장기보유특별공제

> **출제빈도** 제9회, 제10회, 제12회, 제14회, 제18회, 제20회, 제24회, 제26회, 제33회
>
> **출제경향** ⇨ 장기보유특별공제는 적용요건을 갖춘 경우의 장기보유금액 산정에 대한 문제가 자주 출제되고 있다. 이는 기본공제와 비교·정리해야 한다.

1. 양도소득금액

> **양도차익 − 장기보유특별공제 = 양도소득금액**
> **양도소득금액**은 양도소득의 총수입금액("양도가액")에서 필요경비를 공제하고, 그 금액("**양도차익**")에서 **장기보유 특별공제액을 공제한 금액**으로 한다.

2. 장기보유특별공제

적용 조건	토지, 건물, 입주권 + 보유 3년 이상
적용배제	미등기, 국외, **조합원으로부터 취득한 입주권**

장기보유특별공제금액	**양도차익** × 보유기간별 공제율

(1) 보유기간별 공제율

① 원 칙	• 3년 이상에서 1년 증가시 2% 증가 • <u>15년 이상: 양도차익의 30%</u>

② 1세대 1주택으로 고가주택 3년 보유하고 2년 거주한 경우	① 보유공제율 + ② 거주 공제율 ① 보유기간별 공제율: **10년 이상일 경우 양도차익의 40%까지** ② 거주기간별 공제율: 2년 이상 거주에서 **1년 증가시마다 4%씩 증가. 10년 이상일 경우 양도차익의 40%**까지

1세대 1주택으로 고가주택을 10년 보유하고 10년 거주한 경우의 보유기간 공제율은 80%이다.

(2) 보유기간

보유기간은 취득일로부터 양도일까지의 기간. 다만, 배우자로부터 증여받은 자산을 **10년 내에 양도하여 이월과세** 규정이 적용되는 경우에는 **증여⑯ 배우자**가 당해 자산을 **취득한 날**(= 증여자의 취득일)부터 기산한다.

01 거주자가 2024년 취득 후 계속 거주한 법령에 따른 고가주택을 2025년 5월에 양도하는 경우 장기보유특별공제의 대상이 되지 않는다. (○, ×)
제31회

02 보유기간이 3년 이상인 토지 및 건물(미등기양도자산 제외)에 한정하여 장기보유특별공제가 적용된다. (○, ×)
제24회

03 1세대 1주택이고 해당 주택이 조정지역내의 고가 주택인 경우이라도 장기보유특별공제가 적용될 수 있다. (○, ×)
제24회변형

04 장기보유특별공제액은 해당 자산의 양도가액에 보유기간별 공제율을 곱하여 계산한다. (○, ×)
제24회

05 장기보유특별공제 계산시 해당 자산의 보유기간은 그 자산의 취득일부터 양도일까지로 하지만 소득세법 제97조 제4항에 따른 배우자 또는 직계존비속간 증여재산에 대한 이월과세가 적용되는 경우에는 증여자가 해당 자산을 취득한 날부터 기산한다. (○, ×)
제24회

06 소득세법상 건물의 양도에 따른 장기보유특별공제에 관한 설명으로 틀린 것은? 제26회 변형

① 100분의 70의 세율이 적용되는 미등기 건물에 대해서는 장기보유특별공제를 적용하지 아니한다.

② 2주택 보유 중 3년 소유된 주택을 2025년 3월에 양도한 경우 장기보유특별공제를 적용한다.

③ 1세대 1주택 요건을 충족한 고가주택(보유기간 2년 6개월)이 과세되는 경우 장기보유특별공제가 적용된다.

④ 조정지역내의 비사업용토지를 3년 보유하고 양도한 경우 장기보유특별공제를 적용한다.

⑤ 보유기간이 12년인 등기된 상가건물의 보유기간별 공제율은 100분의 24이다.

07 조합원입주권을 양도하는 경우에는 도시 및 주거환경정비법 제48조에 따른 관리처분계획 인가 후 주택분의 양도차익에 보유기간별 공제율을 곱하여 계산한 금액을 장기보유특별공제액으로 한다. (○, ×)

08 비상장 법인의 대주주가 주식을 양도 경우 장기보유특별공제한다. (○, ×)

소득세법상 장기보유특별공제에 관한 설명으로 틀린 것은?

제20회 변형

① 1세대 1주택으로 고가주택에 해당하는 자산의 경우로 10년 거주 10년 보유한 고가주택은 100분의 80의 공제율이 적용된다.

② 국외 소재토지에 해당하는 경우에는 적용하지 아니한다.

③ 기타자산을 3년 보유하고 양도한 경우 양도차익에 6%의 보유기간 공제률을 곱하여 산정한다.

④ 등기된 토지 또는 건물로서 그 자산의 보유기간이 3년 이상인 것 및 조합원입주권에 대하여 적용한다.

⑤ 양도소득금액은 양도차익에서 장기보유특별공제를 공제한 금액으로 한다.

정답

1. ○
2. ×, 조합원입주권도 해당
3. ○
4. ×, 양도차익에 보유기간 공제율
5. ○
6. ③ 보유기간이 3년이 안되어 적용 불가
7. ×, 관리처분계획 인가 후 주택분의 양도차익 ⇨ 관리처분계획 인가 전 주택분의 양도차익
8. ×, 장기보유특별공제 적용물건은 토지, 건물, 입주권이다.
9. ③ 장기보유특별공제 적용물건은 토지, 건물, 입주권이다.

기본공제

기본공제는 단일문제로는 출제되지 않고, 5지선다 중 하나의 지문으로 종종 출제되고 있으며, 이 기본공제는 양도차손의 통산과 같이 문제로 정리 학습해야 한다.

1. 양도소득 과세표준

양도소득금액 − 기본공제 = 과세표준

2. 양도소득세 기본공제

㉠ **공제금액은 인적공제로** 연(1월 1일~12월 31일) 250만원 공제 ⇨ 보유기간과는 무관

㉡ **미등기를 제외**한 모든 자산에 대해 공제된다.

㉢ 소득별로 각각 250만원 공제, **소득별**이란 **부동산 그룹끼리 하여** 250만원, 주식은 **주식그룹끼리하여** 250만을 말하므로 자산별이 아님, 양도시마다 아님에 유념.

㉣ 양도차손(결손금)이 발생된 경우에는 **같은 그룹의 양도 소득금액에서 양도차손 즉 결손금을 공제한다**. 다른 그룹에서는 공제하지 아니한다(**예** 부동산그룹은 부동산 그룹끼리 공제, 주식그룹은 주식 그룹끼리 공제).

㉤ **국외**자산은 국내자산과 별개로 **기본공제한다**.

> 주의 국외 부동산을 양도하여 발생한 양도차손은 동일한 과세기간에 국내 부동산을 양도하여 발생한 양도소득금액에서 통산할 수 없다.
>
> 주의 국외 부동산 양도한 경우 장기보유특별공제는 적용할 수 없으나, 기본공제는 국내 자산과 별도로 적용된다.

─ 기출문제 •

01 양도소득세 과세대상인 국내 소재의 등기된 토지와 건물을 같은 연도 중에 양도시기를 달리 하여 양도한 경우에도 양도소득기본공제는 연 250만원을 공제한다. (○, ×)   제21회

02 부동산에 관한 권리의 양도로 발생한 양도차손은 토지의 양도에서 발생한 양도소득금액에서 공제할 수 없다. (○, ×)

제31회

03 국내거주자가 토지와 주식을 양도하는 경우 각각 발생한 결손 금은 양도소득금액 계산시 이를 통산한다. (○, ×) 제20회

04 국외자산의 양도에 대한 양도소득이 있는 거주자는 양도소 득 기본공제는 적용받을 수 있으나 장기보유 특별공제는 적 용 받을 수 없다. (○, ×) 제35회

05 국외 부동산을 양도하여 발생한 양도차손은 동일한 과세기 간에 국내 부동산을 양도하여 발생한 양도소득금액에서 통 산할 수 있다. (○, ×) 제35회

정답

1. ○
2. ×, 같은 부동산 그룹으로 공제할 수 있다.
3. ×, 토지와 주식은 다른 그룹으로 공제할 수 없다.
4. ○
5. ×, 국외부동산 양도 경우 국내와 별개로 기본공제가 적용되니 국외와 국내는 통산할 수 없다.

양도소득세의 표준세율

> **출제빈도** 제13회, 제22회, 제27회, 제34회
>
> **출제경향** ⇨ 양도소득세의 세율을 이해하기 위해서는 개정된 년도의 사회적 배경을 알고, 자산별·보유기간별로 정리하면 쉽게 구분하여 문제를 풀 수 있다.

1. 양도소득 산출세액

> 양도소득 과세표준(×) 표준세율 = 양도소득 산출세액

2. 양도소득 표준세율

> (1) 하나의 자산이 둘 이상의 세율이 적용 될 때에는 해당 세율을 적용하여 계산한 양도소득 산출세액 중 큰 것을 그 세액으로 한다.

> (2) **양도소득의 각 자산별 표준세율**
> ① 미등기: 70%
> ② 보유 1년 미만 부동산·부동산권리: 50% (주택, 조합원입주권·분양권 제외)
> ③ 보유 1년 이상~2년 미만 부동산·부동산권리: 40% (주택, 조합원입주권·분양권 제외)
> ④ 보유 2년 이상 부동산·부동산권리(분양권, 비사업용토지 제외): 6%~45%의 누진세율

⑤ 주택 및 조합원입주권 · 분양권

> ㉠ 보유 1년 미만인 주택 및 조합원입주권 · 분양권의 양도는 70%
>
> ㉡ 보유 1년 이상~보유 2년 미만 주택 및 조합원입주권 · 분양권의 양도는 60%
>
> ㉢ 보유 2년 이상인 분양권을 제외한 주택 및 조합원입주권의 양도는 과세표준 가액에 따라 6%~45%의 누진세율

│ 문제풀이 요령 │ 양도소득세의 세율문제일 때 "주택 · 입주권 · 분양권" 단어가 있는가, 없는가를 살펴보고 **없으면** 보유 1년 이상~2년 미만일 때 40%, 보유 1년 미만일 때 50% "주택 · 입주권 · 분양권" 단어 **있으면** 보유 1년 이상~2년 미만일 때 60%, 보유 1년 미만일 때 70%

☑ 분양권과 비사업용 토지를 제외한 보유 2년 이상이면 6%~45%의 누진세율
- 2년 이상 분양권 : 60%
- 2년 이상 비사업용 토지 : 16%~56% 누진세율

주의 **국외**자산, 기타자산은 등기여부 · 보유 관계없이 6%~45%의 **누진세율**이다.

즉, **미등기국외**자산 양도의 경우에도 <u>6%~45%의 누진세율</u>

⑥ 양도소득세율 적용시 보유기간

양도소득세율 적용시 보유기간은 당해 자산 취득일로부터 양
도일까지로 한다. 단 **상속**의 경우는 피상속인의 취득일로부터
양도일까지로 한다.

문제풀이 요령 **상속 – 세율**로 **연결**되면 취득시기는 피상속
인의 취득일로 기산, 상속 나오고 세율단어가 없으면 상속개시
일로 기산한다.

01 소득세법상 거주자가 국내에 있는 자산을 양도한 경우 양도소득과세표준에 적용되는 세율로 틀린 것은? (단, 주어진 자산 외에는 고려하지 않음) 제30회 변형

① 보유기간이 1년 미만인 조합원입주권 : 100분의 70

② 보유기간이 1년 미만인 분양권 : 100분의 40

③ 보유기간이 1년 7개월인 조합원입주권 : 100분의 60

④ 과세표준이 1,200만원인 등기된 비사업용토지(지정지역에 있지 않음) : 100분의 16

⑤ 미등기건물(미등기 제외 자산 아님) : 100분의 70

02 소득세법상 등기된 국내 부동산에 대한 양도소득과 세표준의 세율에 관한 내용으로 옳은 것은? 제27회 변형

① 1년 6개월 보유한 1주택의 양도 : 100분의 70

② 2년 1개월 보유한 조정지역 내의 상가건물의 양도 : 100분의 40

③ 10개월 보유한 상가건물의 양도 : 100분의 50

④ 6개월 보유한 1주택의 양도 : 100분의 30

⑤ 1년 8개월 보유한 아파트 분양권 양도 : 100분의 50

03 소득세법령상 거주자의 양도소득과세표준에 적용되는 세율에 관한 내용으로 옳은 것은? (단, 국내소재 자산을 2024년에 양도한 경우로서 주어진 자산 외에 다른 자산은 없으며, 비과세와 감면은 고려하지 않음) 제34회

① 보유기간이 6개월인 등기된 상가건물: 100분의 40

② 보유기간이 10개월인 「소득세법」에 따른 분양권: 100분의 70

③ 보유기간이 1년 6개월인 등기된 상가건물: 100분의 30

④ 보유기간이 1년 10개월인 「소득세법」에 따른 조합원입주권: 100분의 70

⑤ 보유기간이 2년 6개월인 「소득세법」에 따른 분양권: 100분의 50

04 양도소득세율에 대한 설명으로 옳은 것은?

① 1년 이상~2년 미만 보유한 토지의 양도 : 40%

② 1년 미만 보유한 국민 주택의 양도 : 6%~45%

③ 미등기 국외토지 양도자산 : 70%

④ 2년 6개월 보유한 비사업용 토지 양도 : 50%

⑤ 1년 6개월 보유한 아파트분양권 양도 : 6%~45%

정답

1. ② 보유기간이 1년 미만인 분양권 : 100분의 70
2. ③
   ① 1년 6개월 보유한 1주택의 양도 : 100분의 60
   ② 2년 1개월 보유한 조정지역 내의 상가건물의 양도 : 6%~45%
   ④ 6개월 보유한 1주택의 양도 : 100분의 70
   ⑤ 1년 8개월 보유한 아파트 분양권 양도 : 100분의 60
3. ②
   ① 보유기간이 6개월인 등기된 상가건물 : 100분의 50
   ③ 보유기간이 1년 6개월인 등기된 상가건물 : 100분의 40
   ④ 보유기간이 1년 10개월인 「소득세법」에 따른 조합원입주권 : 100분의 60
   ⑤ 보유기간이 2년 6개월인 「소득세법」에 따른 분양권 : 100분의 60
4. ①
   ② 1년 미만 보유한 국민 주택의 양도 : 70%
   ③ 미등기 국외토지 양도자산 : 6%~45%
   ④ 2년 6개월 보유한 비사업용 토지 양도 : 16%~55%
   ⑤ 1년 6개월 보유한 아파트분양권 양도 : 60%

미등기 자산 양도

출제빈도 제13회, 제19회, 제22회, 제27회, 제29회, 제32회

출제경향 ⇨ 미등기자산의 양도의 경우는 양도소득세 계산구
조를 전반적으로 알고 있는지의 여부를 파악하고자 출제된다.
미등기의 불이익을 알면 이러한 문제는 자연스럽게 해결된다.

1. 미등기 자산의 양도

미등기 자산 양도의 과세표준 = 양도차익

① 미등기자산 양도시 적용되지 아니한 것
  • 장기보유특별공제 • 기본공제 • 비과세 • 감면
② 미등기자산 양도시 **적용 가능**
  • 필요경비 공제가능 • 양도·취득시기 • 분납

2. 미등기 제외 자산 = 미등기이지만 **미등기로 보지 아니하는**
자산 = 등기된 것

㉠ **장기할부조건**으로 취득한 자산으로서 그 계약조건에 의하
  여 양도 당시 그 자산의 취득에 관한 등기가 불가능한 자산
㉡ 법률의 규정 또는 **법원의 결정**에 의하여 양도 당시 그 자산
  의 취득에 관한 등기가 불가능한 자산

ⓒ 비과세요건을 충족한 교환·분합하는 농지, 대토하는 농지
   및 면제요건을 충족한 자경농지

ⓔ 비과세요건을 충족한 **1세대 1주택**으로서 건축법에 의한 건
   축허가를 받지 않아 등기가 불가능한 자산

ⓜ 「도시개발법」에 따른 **도시개발사업이 종료되지 아니**하여
   토지 취득등기를 하지 아니하고 양도하는 토지

ⓗ 건설사업자가 「도시개발법」에 따라 공사용역 대가로 취득
   한 **체비지**를 토지**구획**환지처분**공고 전**에 **양도**하는 토지

01 소득세법상 미등기양도제외자산을 모두 고른 것은? 제32회

> ㉠ 양도소득세 비과세요건을 충족한 1세대 1주택으로서 「건축법」에 따른 건축허가를 받지 아니하여 등기가 불가능한 자산
>
> ㉡ 법원의 결정에 의하여 양도 당시 그 자산의 취득에 관한 등기가 불가능한 자산
>
> ㉢ 「도시개발법」에 따른 도시개발사업이 종료되지 아니하여 토지 취득등기를 하지 아니하고 양도하는 토지

① ㉠   ② ㉡   ③ ㉠, ㉡

④ ㉡, ㉢   ⑤ ㉠, ㉡, ㉢

02 법원의 결정에 의하여 양도당시 취득에 관한 등기가 불가능한 부동산에 대하여는 장기보유특별공제 적용되지 아니한다.

(○, ×)

03 소득세법상 미등기양도자산에 관한 설명으로 옳은 것은?

제29회

① 미등기양도자산도 양도소득에 대한 소득세의 비과세에 관한 규정을 적용 할 수 있다.

② 건설업자가 도시개발법에 따라 공사용역 대가로 취득한 체비지를 토지구획환지처분공고 전에 양도하는 토지는 미등기양도자산에 해당하지 아니한다.

③ 미등기양도자산의 양도소득금액 계산시 양도소득 기본공제를 적용할 수 있다.

④ 미등기양도자산은 양도소득산출세액에 100분의 70을 곱한 금액을 양도소득 결정세액에 더한다.

⑤ 미등기양도자산의 양도소득금액 계산시 장기보유특별공제를 적용할 수 있다.

04 미등기 토지를 양도한 경우에도 적용될 수 있는 것은?

① 양도소득세의 비과세 ② 양도소득 기본공제
③ 필요경비, 분납 ④ 장기보유 특별공제
⑤ 양도소득세의 감면

05 양도소득세의 설명이다. 옳은 것은?

① 법령이 정한 1세대 1주택으로서 「건축법」에 의한 건축허가를 받지 아니하여 등기가 불가능한 주택을 양도한 때에는 이를 미등기양도자산으로 보지 아니한다.

② 상속받은 부동산을 양도하는 경우, 기납부한 상속세는 양도차익 계산시 이를 필요경비로 공제받을 수 있다.

③ 피상속인이 1년 보유한 토지를 상속받아 상속인이 6개월 보유 후 양도한 토지의 경우 적용할 양도소득세의 세율은 상속개시일부터 기산하여 적용한다.

④ ③의 경우 적용할 양도소득세의 세율은 50%이다.

⑤ 양도일로부터 소급하여 10년 이내에 배우자로부터 증여받은 토지 건물의 취득가액은 당해 증여받은 배우자의 취득가액이다.

정답

1. ⑤
2. ×, 미등기 제외 자산양도로 장기보유특별공제 적용될 수 있다.
3. ②
   ① 미등기양도자산 − 비과세적용불(不)
   ③ 미등기양도자산 − 양도소득 기본공제를 적용 불
   ④ 미등기양도자산은 양도소득과세표준에 세율 100분의 70을 곱한 금액을 양도소득산출세액으로 한다.
   ⑤ 미등기양도자산−장기보유특별 공제를 적용불
4. ③
5. ①

이월과세 · 특수관계인과의 증여

출제빈도 제17회, 제19회, 제21회, 제23회, 제25회, 제32회, 제33회, 제35회

출제경향 ⇨ 이월과세는 문제가 어렵게 출제될 때 나오는 문제로 "배우자가 증여받아 10년 내에 양도"라는 글이 있으면 이월과세 문제라고 생각하시면 됩니다.

1. 이월과세

거주자가 양도일부터 소급하여 **10년 이**내에 그 배우자(**양도 당시 혼인관계가 소멸된 경우를 포함**하되, **사망**으로 혼인관계가 소멸된 경우는 **제외**한다) 또는 직계존비속으로부터 증여받은 토지, 건물, 부동산 취득권리, 회원권에 따른 자산의 양도차익을 계산할 때 양도가액에서 공제할 **취득가액은 증여한 배우자**(= 증여자) 또는 직계존비속의 **취득 당시 금액**으로 한다. 이 경우 거주자가 **이미 납부한 증여세** 상당액이 있는 경우에는 **필요경비에 산입**한다.

① 이월과세 경우 **취득일**	**증여자의** 취득일
② 이월과세 경우 **이미 납부된 증여세액**	**필요경비에 포함**한다.

③ 이월과세 경우 **납세의무자**	증여받은자인 배우자

④ **배우자끼리는 연대납세의무 없다.**	

⑤ **이월과세가 적용되지 아니**한 경우	㉠ **수용**된 경우
	㉡ **1세대 1주택**[고가주택 포함]**의 양도**
	㉢ 이월과세를 적용하여 결정세액이 이월과세 적용아니한 세액보다 **적은 경우**

2. 특수관계인과의 증여

> ☒ **부당행위 계산의 부인**
> 거주자가 제1항에서 규정하는 특수관계인(**배우자 및 직계존비속의 경우는 제外**한다)에게 자산을 증여한 후 그 자산을 증여받은 자가 그 **증여일부터 10년 이내**에 다시 타인에게 양도한 경우로서 특수관계자가 **부담한 증여세와 양도소득세의 합계액이** 증여자가 직접 양도하였다고 가정할 경우에 **부담할 양도소득세보다 적다면 증여자가 그 자산을 직접 양도한 것으로 본다. 다만, 양도소득이 해당 수증자에게 실질적으로 귀속된 경우에는 그러하지 아니하다.**

특수관계인과의 거래로 증여자에게 양도소득세 부과하는 경우(**합계액이 적을 때**) 이미 납부한 증여세는 환급된다.

① 특수관계인과의 증여의 양도소득 납세의무자	**증여자**
② 특수관계인과의 증여의 양도소득세 취득시기	증여자의 취득일
③ 특수관계인과의 증여의 **이미 납부한 증여세**	**환 급**

01 양도일부터 소급하여 10년 이내에 그 배우자로부터 증여받은 토지의 양도차익을 계산할 때 그 증여받은 토지에 대하여 납부한 증여세는 양도가액에서 공제할 필요경비에 산입하지 아니한다. (○, ×)

제31회

02 乙이 甲의 배우자 및 직계존비속 외의 자인 특수관계인 경우, 乙이 甲으로부터 증여받은 토지를 증여받은 날로부터 10년 내에 丙에게 양도한 경우는 乙의 증여세와 양도소득세를 합한 세액이 甲이 직접 丙에게 건물을 양도한 것으로 보아 계산한 양도소득세보다 큰 때에는 甲이 丙에게 직접 양도한 것으로 보지 아니한다. (○, ×)

03 소득세법상 배우자 간 증여재산의 이월과세에 관한 설명으로 옳은 것은? 제32회

① 이월과세를 적용하는 경우 거주자가 배우자로부터 증여받은 자산에 대하여 납부한 증여세를 필요경비에 산입하지 아니한다.

② 이월과세를 적용받은 자산의 보유기간은 증여한 배우자가 그 자산을 증여한 날을 취득일로 본다.

③ 거주자가 양도일부터 소급하여 5년 이내에 그 배우자(양도 당시 사망으로 혼인관계가 소멸된 경우 포함)로부터 증여받은 토지를 양도할 경우에 이월과세를 적용한다.

④ 거주자가 사업인정고시일부터 소급하여 2년 이전에 배우자로부터 증여받은 경우로서 「공익사업을 위한 토지 등의 취득 및 보상에 관한 법률」에 따라 수용된 경우에는 이월과세를 적용하지 아니한다.

⑤ 이월과세를 적용하여 계산한 양도소득결정세액이 이월과세를 적용하지 않고 계산한 양도소득결정세액보다 적은 경우에 이월과세를 적용한다.

04 특수관계인에게 증여한 자산에 대해 증여자인 거주자에게 양도소득세가 과세되는 경우 수증자가 부담한 증여세 상당액은 양도가액에서 공제할 필요경비에 산입한다. (○ , ×)

제31회

05 거주자 甲은 2016. 10. 20. 취득한 토지(취득가액 1억원, 등기함)를 동생인 거주자 乙(특수관계인임)에게 2019. 10. 1. 증여(시가 3억원, 등기함)하였다. 乙은 해당 토지를 2024. 6. 30. 특수관계가 없는 丙에게 양도(양도가액 10억원)하였다. 양도소득은 乙에게 실질적으로 귀속되지 아니하고, 乙의 증여세와 양도소득세를 합한 세액이 甲이 직접 양도하는 경우로 보아 계산한 양도소득세보다 적은 경우에 해당한다. 소득세법상 양도소득세 납세의무에 관한 설명으로 틀린 것은?

제33회 기출

① 乙이 납부한 증여세는 양도차익 계산시 필요경비에 산입한다.

② 양도차익 계산시 취득가액은 甲의 취득 당시를 기준으로 한다.

③ 양도소득세에 대해서는 甲과 乙이 연대하여 납세의무를 진다.

④ 甲은 양도소득세 납세의무자이다.

⑤ 양도소득세 계산시 보유기간은 甲의 취득일부터 乙의 양도일까지의 기간으로 한다.

06 소득세법상 거주자 甲이 2008년 1월 20일에 취득한 건물(취득가액 3억원)을 甲의 배우자 乙에게 2018년 3월 5일자로 증여(해당 건물의 시가 8억원)한 후, 乙이 2024년 5월 20일에 해당 건물을 甲·乙의 특수관계인이 아닌 丙에게 10억원에 매도하였다. 해당 건물의 양도소득세에 관한 설명으로 옳은 것은? (단, 취득·증여·매도의 모든 단계에서 등기를 마침)

제25회

① 양도소득세 납세의무자는 甲이다.
② 양도소득금액 계산시 장기보유특별공제가 적용된다.
③ 양도차익 계산시 양도가액에서 공제할 취득가액은 8억원이다.
④ 乙이 납부한 증여세는 양도소득세 납부세액 계산시 세액공제된다.
⑤ 양도소득세에 대해 甲과 乙이 연대하여 납세의무를 진다.

07 다음 자료를 기초로 할 때 소득세법령상 국내 토지A에 대한 양도소득세에 관한 설명으로 옳은 것은? (단, 甲, 乙, 丙은 모두 거주자임)

제35회

> • 甲은 2018.6.20. 토지A를 3억원에 취득하였으며, 2020. 5.15. 토지A에 대한 자본적 지출로 5천만원을 지출하였다.
>
> • 乙은 2022.7.1. 배우자인 甲으로부터 토지 A를 증여받아 2022.7.25. 소유권이전등기를 마쳤다(토지A의 증여 당시 시가는 6억원임).
>
> • 乙은 2024.10.20. 토지A를 甲 또는 乙과 특수 관계가 없는 丙에게 10억원에 양도하였다.
>
> • 토지A는 법령상 협의매수 또는 수용된 적이 없으며, 소득세법 제97조의2 양도소득의 필요 경비 계산 특례(이월과세)를 적용하여 계산한 양도소득 결정세액이 이를 적용하지 않고 계산한 양도소득 결정세액보다 크다고 가정한다.

① 양도차익 계산시 양도가액에서 공제할 취득가액은 6억원이다.

② 양도차익 계산시 甲이 지출한 자본적 지출액 5천만원은 양도가액에서 공제할 수 없다.

③ 양도차익 계산시 乙이 납부하였거나 납부할 증여세 상당액이 있는 경우 양도차익을 한도로 필요경비에 산입한다.

④ 장기보유 특별공제액 계산 및 세율 적용시 보유기간은 乙의 취득일부터 양도일까지의 기간으로 한다.

⑤ 甲과 乙은 양도소득세에 대하여 연대납세의무를 진다.

1. ✕, 이월과세의 경우 기납부한 증여세는 필요경비에포함한다.
2. ○
3. ④
4. ✕, 특수간계인과의 증여에서 기납부한 증여세는 환급
5. ①
6. ②
7. ③
   ① 양도차익 계산시 양도가액에서 공제할 취득가액은 3억원이다.
   ② 양도차익 계산시 甲이 지출한 자본적 지출액 5천만원은 양도가액에서 공제할 수 있다.
   ④ 장기보유 특별공제액 계산 및 세율 적용시 보유기간은 甲의 취득일부터 양도일까지의 기간으로 한다.
   ⑤ 甲과 乙은 양도소득세에 대하여 연대납세의무가 없다.

출제빈도   제23회, 제25회, 제27회, 제30회, 제31회, 제32회, 제35회

출제경향   ⇨ 국외자산의 양도는 양도일까지 5년 이상 국내에 주소를 둔 거주자에게 납세의무를 부여하며 이에 관련 이론은 최근 자주 출제되고 있다.

1. 국외 자산의 양도

(1) **국외자산 양도소득의 범위**

거주자(국내에 당해자산의 양도일까지 5년 이상 주소 또는 거소를 둔 자에 한함)의 국외에 있는 자산의 양도에 대해 납세의무 있다.

부동산 임차권
국내자산의 경우⇨ 등기된 부동산 임차권만 과세
국외자산의 경우 ⇨ **등기·미등기** 모두 과세

(2) **양도소득세의 계산**

① 양도소득세의 계산구조

국외자산양도의 양도소득세 계산구조는 '양도소득세 계산구조'를 준용한다(단, **장기보유 특별공제 배제**) - **기본공제는 적용**.

② 양도가액 : 국외자산의 양도가액은 당해 자산의 양도 당시의 실지거래가액으로 한다.

실지거래가액으로 적용되므로 **필요경비개산공제는 적용되지 아니한다.**

③ 세율 : 국외자산의 부동산에 대한 양도소득세는 등기여부에 관계없이, 보유기간에 관계없이 6%~45%까지의 누진세율로 적용

④ 외국납부세액공제
외국납부세액공제와 양도소득금액 계산상 **필요경비에 산입하는 방법 중 하나를 선택**하여 적용받을 수 있다(**환율은 기준환율 또는 재정환율로 적용**).

▌문제풀이 요령 ▌

1. 국외 자산양도시 **적용되지 않는** 것
   ① 장기보유특별공제
   ② 기준시가
   ③ 필요경비개산공제
   ④ 환 차익
   ⑤ 물납
2. 국외 자산양도시 **적용되는** 것
   대표적으로 분납, 기본공제

01 소득세법령상 거주자가 2025년에 양도한 국외자산의 양도소득세에 관한 설명으로 틀린 것은? (단, 거주자는 해당 국외자산 양도일까지 계속 5년 이상 국내에 주소를 두고 있다) 제35회

① 국외자산의 양도에 대한 양도소득이 있는 거주자는 양도소득 기본공제는 적용받을 수 있으나 장기보유 특별공제는 적용 받을 수 없다.

② 국외 부동산을 양도하여 발생한 양도차손은 동일한 과세기간에 국내 부동산을 양도하여 발생한 양도소득금액에서 통산할 수 있다.

③ 국외 양도자산이 부동산임차권인 경우 등기여부와 관계 없이 양도소득세가 과세된다.

④ 국외자산의 양도가액은 그 자산의 양도 당시의 실지거래가액으로 한다. 다만, 양도 당시의 실지거래가액을 확인할 수 없는 경우에는 양도자산이 소재하는 국가의 양도 당시 현황을 반영한 시가에 따른다.

⑤ 국외 양도자산이 양도 당시 거주자가 소유한 유일한 주택으로서 보유기간이 2년 이상인 경우에도 1세대 1주택 비과세 규정을 적용받을 수 없다.

02 거주자 甲은 2015년에 국외에 1채의 주택을 미화 1십만 달러 (취득자금 중 일부 외화 차입)에 취득하였고, 2025년에 동 주택을 미화 2십만 달러에 양도하였다. 이 경우 소득세법상 설명으로 틀린 것은? (단, 甲은 해당자산의 양도일까지 계속 5년 이상 국내에 주소를 둠) 제32회

① 甲의 국외주택에 대한 양도차익은 양도가액에서 취득가 액과 필요경비개산공제를 차감하여 계산한다.

② 甲의 국외주택 양도로 발생하는 소득이 환율변동으로 인하여 외화차입금으로부터 발생하는 환차익을 포함하고 있는 경우에는 해당 환차익을 양도소득의 범위에서 제외한다.

③ 甲의 국외주택 양도에 대해서는 해당 과세기간의 양도소 득금액에서 연 250만원을 공제한다.

④ 甲은 국외주택을 3년 이상 보유하였음에도 불구하고 장기보유특별공제액은 공제하지 아니한다.

⑤ 甲은 국외주택의 양도에 대하여 양도소득세의 납세의무가 있다.

03 국내에 5년 이상 주소를 둔 거주자가 1년 미만 보유된 국외 주택을 양도한 경우 70%의 양도소득세율이 적용 된다. (○, ×)

04 국내에 7년간 주소를 둔 거주자가 국외 토지를 양도한 경우 예정신고 의무가 있다. (○, ×)

05 소득세법상 국외자산 양도에 관한 설명으로 옳은 것은?

제25회

① 양도차익 계산시 필요경비의 외화환산은 지출일 현재 외국환거래법에 의한 기준환율 또는 재정환율에 의한다.

② 국외자산 양도시 양도소득세의 납세의무자는 국외자산의 양도일까지 계속하여 3년간 국내에 주소를 둔 거주자이다.

③ 미등기 국외토지에 대한 양도소득세율은 70%이다.

④ 장기보유특별공제는 국외자산의 보유기간이 3년 이상인 경우에만 적용된다.

⑤ 국외자산의 양도가액은 실지거래가액이 있더라도 양도당시 현황을 반영한 시가에 의하는 것이 원칙이다.

06 거주자(해당 국외자산 양도일까지 계속 5년 이상 국내에 주소를 두고 있음)가 2025년에 국외에 있는 부동산에 관한 권리로 미등기 양도로 발생하는 소득은 양도소득범위에 포함된다. (○, ×)

제31회

07 국외토지의 양도에 대하여 해당 외국에서 과세를 하는 경우로서 그 국외자산 양도소득세액을 납부하였을 때에는 외국납부세액의 세액공제방법과 필요경비 산입방법 중 하나를 선택하여 적용할 수 있다. (○, ×)

제31회

08 거주자 甲이 국외에 있는 양도소득세 과세대상 X토지를 양도함으로써 소득이 발생하였다. 다음 중 틀린 것은? (단, 해당 과세기간에 다른 자산의 양도는 없음)

제30회

① 甲이 X토지의 양도일까지 계속 5년 이상 국내에 주소 또는 거소를 둔 경우에만 해단 양도소득에 대한 납세의무가 있다.

② 甲이 국외에서 외화를 차입하여 X토지를 취득한 경우 환율변동으로 인하여 외화차입금으로부터 발생한 환차익은 양도소득세의 범위에서 제외한다.

③ X토지의 양도가액은 양도 당시의 실지거래가액으로 하는 것이 원칙이다.

④ X토지에 대한 양도차익에서 장기보유특별공제액을 공제한다.

⑤ X토지에 대한 양도소득금액에서 양도소득 기본공제로 250만원을 공제한다.

정답

1. ② 국외 부동산을 양도하여 발생한 양도차손은 동일한 과세기간에 국내 부동산을 양도하여 발생한 양도소득금액에서 통산할 수 없다.
2. ① 실지거래가로 필요경비개산공제 적용 불가
3. ×, 국외자산 양도는 6%~45% 누진세율
4. ○   5. ①   6. ○   7. ○
8. ④ 국외부동산 양도의 경우 장기보유특별공제는 적용 불(不)

key 36. | 예정신고 · 확정신고

출제빈도 제16회, 제17회, 제22회, 제26회, 제29회, 제31회, 제32회, 제33회, 제35회

출제경향 ⇨ 예정신고, 확정신고 자체의 개별문제로는 몇회 출제되지 않았으나, 양도소득세의 전체를 묻는 문제에서 선다 ①②③④⑤에는 단골로 출제되는 부분입니다. 이는 예정신고의 납부기간 또는 무신고의 경우 가산세에 대해 확정신고와 비교하여 학습 정리하여야 됩니다.

1. 예정신고

(1) **소득세 예정신고의 납세의무성립**

예정신고납부하는 양도소득세 납세의무성립시기는 그 과세표준이 되는 금액이 발생한 **달의 말일**이다.

(2) **예정신고기간**

① 양도일이 속하는 **달의 말일**로부터 <u>2개월</u> 내

② <u>부담부증여의 채무액에 해당하는 부분으로서 양도로 보는 경우의 예정신고기간</u>: **증여자가 ... 달의 말일부터 <u>3개월</u>**

③ 양도차손이 있거나, 양도차익이 없더라도 신고한다.

④ 예정신고를 이행하지 **아니**한 경우 **가산세** 규정을 두고 있다.
  ㉠ **예정신고세액공제 없음**
  ㉡ **무신고가산세 20% 적용**(과소신고: 10%)

    © 예정신고를 이행하지 않고 확정신고한 경우에는 무신고
      가산세를 50%감면한다(10%의 가산세가 가산된다).

⑤ 물납은 없으나, **예정신고 또는 확정신고시 분납가능하다.**

2. 확정신고

① 확정신고 기간은 과세기간의 **다음연도 5월 1일~5월 31일**
   까지이다.
② 과세표준이 없거나 결손금액이 있는 경우에도 확정신고한다.
③ 예정신고를 한 자는 해당 소득에 대한 확정신고를 하지 아
   니할 수 있다. 다만, 해당 과세기간에 누진세율 적용대상 자
   산에 대한 예정신고를 2회 이상 하는 경우는 확정신고한다.

3. 양도소득세의 분납(물납은 폐지)

(1) 거주자로서 양도소득세로 납부할 세액이 각각 **1,000만원을**
   초과하는 자는 다음의 금액(= **일부금액**)을 납부기한 경과
   후 **2개월 이내**에 **분납**할 수 있다(분납 신청은 납부기간내).
   ① 일부금액
      ㉠ 납부할 세액이 **2,000만원 이하**인 때의 **일부 금액은**
         1,000만원을 초과하는 금액
      ㉡ **납부할 세액이 2,000만원을 초과하는 때의 일부금**
         액은 그 세액의 **50% 이하**의 금액

01 부담부증여의 채무액에 해당하는 부분으로서 양도로 보는 경우에는 그 양도일이 속하는 달의 말일부터 2개월 이내에 양도소득세를 신고하여야 한다. (○, ×)

제35회

02 토지의 양도로 발생한 양도차손은 동일한 과세기간에 전세권의 양도로 발생한 양도소득금액에서 공제할 수 있다. (○, ×)

제35회

03 소득세법상 거주자의 양도소득과세표준의 신고 및 납부에 관한 설명으로 옳은 것은?

제27회

① 2025년 3월 21일에 주택을 양도하고 잔금을 청산한 경우 2025년 6월 30일에 예정신고할 수 있다.

② 확정신고납부시 납부할 세액이 1천 6백만원인 경우 6백만원을 분납할 수 있다.

③ 예정신고납부시 납부할 세액이 2천만원인 경우 분납할 수 없다.

④ 양도차손이 발생한 경우 예정신고하지 아니한다.

⑤ 예정신고하지 않은 거주자가 해당 과세기간의 과세표준이 없는 경우 확정 신고하지 아니한다.

04 2025년에 양도한 토지에서 발생한 양도차손은 5년 이내에 양도하는 토지의 양도소득금액에서 이월하여 공제받을 수 있다.

(○, ×) 제31회

05 예정신고를 이행한 경우에도 예정신고세액공제는 없고 이행하지 아니한 경우 가산세 규정을 두고 있다. (○ , ×)

06 소득세법상 거주자의 양도소득세 신고납부에 관한 설명으로 옳은 것은? 제33회

① 건물을 신축하고 그 취득일부터 3년 이내에 양도하는 경우로서 감정가액을 취득가액으로 하는 경우에는 그 감정가액의 100분의 3에 해당하는 금액을 양도소득 결정세액에 가산한다.

② 공공사업의 시행자에게 수용되어 발생한 양도소득세액이 2천만원을 초과하는 경우 납세의무자는 물납을 신청할 수 있다.

③ 과세표준 예정신고와 함께 납부하는 때에는 산출세액에서 납부할 세액의 100분의 5에 상당하는 금액을 공제한다.

④ 예정신고납부할 세액이 1천 5백만원인 자는 그 세액의 100분의 50의 금액을 납부기한이 지난 후 2개월 이내에 분할납부할 수 있다.

⑤ 납세의무자가 법정신고기한까지 양도소득세의 과세표준 신고를 하지 아니한 경우(부정행위로 인한 무신고는 제외)에는 그 무신고납부세액에 100분의 20을 곱한 금액을 가산세로 한다.

07 예정신고납부를 하는 경우 예정신고 산출세액에서 감면 세액을 빼고 수시부과세액이 있을 때에는 이를 공제하지 아니한 세액을 납부한다. (○, ×)

제30회

08 소득세법상 거주자의 양도소득세 신고 및 납부에 관한 설명으로 옳은 것은?

제29회 변형

① 토지 또는 건물을 양도한 경우에는 그 양도일이 속한 분기의 말일부터 2개월 내에 양도소득과세표준을 신고해야 한다.

② 양도차익 없거나, 양도차손이 발생한 경우에는 양도소득과세표준 예정신고의무가 없다.

③ 甲은 국토계획 및 이용에 관한 법률의 규정에 의한 거래계약허거구역 안의 토지에 대하여 2025년 2월 28일 매매대금을 모두 수령하며, 2025년 5월 30일 토지거래계약허가를 받는다고 가정한다. 이 경우 甲의 예정신고기한은 2025년 7월 31일이다.

④ 양도소득과세표준 예정신고시에는 납부할 세액이 1천만원을 초과하더라도 그 납부할 세액의 일부를 분할 납부할 수 없다.

⑤ 당해년도에 누진세율 적용대상 자산에 대한 예정신고를 2회 이상한 자가 법령에 따라 이미 신고한 양도소득금액과 합산하여 신고하지 아니한 경우 양도소득 확정신고하지 아니한다.

09 소득세법상 거주자의 양도소득 과세표준 계산에 관한 설명으로 옳은 것은? 제29회

① 양도소득금액을 계산할 때 부동산취득권리에서 발생한 양도차손은 토지에서 발생한 양도소득금액에서 공제할 수 없다.

② 양도차익을 실지거래가에 의하는 경우 양도가액에서 공제할 취득가액은 그 자산에 대한 감가상각비로서 각 과세기간의 사업소득금액을 계산하는 경우 필요경비에 산입 금액이 있을때에는 취득가액에서 이를 공제한다.

③ 양도소득에 대한 과세표준은 종합소득 및 퇴직소득에 대한 과세표준과 구분하여 계산한다.

④ 예정신고납부할 세액이 2천만원 이하인 때에는 그 세액의 100분의 50 이하의 금액을 납부기한이 지난 후 2개월 이내에 분할납부할 수 있다.

⑤ 2018년 4월 1일 이후 지출한 자본적지출액은 그 지출에 관한 증명서류를 수취·보관하지 않고 실제 지출한 사실이 금융거래증명서류에 의하여 확인 되지 않는 경우에도 양도차익 계산시 양도가액에서 공제할 수 있다.

10 법령에 따른 부담부증여의 채무액에 해당하는 부분으로서 양도로 보는 경우 그 양도일이 속하는 달의 말일부터 3개월 이내에 양도소득과세표준을 납세지 관할 세무서장에게 신고 하여야 한다. (○, ×)

정답

1. ×, 부담부증여의 예정신고기간은 양도일이 속하는 달의 말일부터 3개월 내이다.
2. ○
3. ②
   ① 2025년 3월 21일에 주택을 양도하고 잔금을 청산한 경우 2025년 5월 31일까지 예정신고할 수 있다.
   ③ 예정신고납부시 납부할 세액이 2천만원인 경우 분납할 수 있다.
   ④ 양도차손이 발생한 경우 예정신고하여야 한다.
   ⑤ 예정신고하지 않은 거주자가 해당 과세기간의 과세표준이 없는 경우 확정 신고하여야 한다.
4. ×, 양도차손은 다음연도로 이월공제되지 아니한다.
5. ○
6. ⑤
7. ×, 수시부과세액이 있을 때에는 이를 공제한 세액을 납부한다.
8. ③
9. ③
10. ○

참 고　　**서류의 송달**

1. 송달장소

송달장소	명의인의 주소 또는 영업소	
	전자송달	명의인의 전자우편 전자사서함
연대납세 의무자	**원 칙**	대표자를 명의인으로 송달
	대표자가 없을 때는 지방세징수 유리한 자를 명의인으로 한다.	
	고지독촉	모두에게 각각 송달
상 속	상속재산관리인이 있는 경우에는 그 상속재산 관리인	
송달장소 신고한 경우	신고된 장소에 송달	

2. 서류송달방법

교부송달	교부로 서류를 송달하는 경우에는 송달할 장소 에서 그 송달을 받아야할 자에게 서류를 건네 줌 ⇨ 다른 장소 가능
유치송달	정당한 사유 없이 서류의 수령을 거부하면 송 달할 장소에 서류를 둘 수 있다.

우편송달	교부와 같이 도달할 때 효력 발생
전자송달	신청경우만 해당

① **공시송달**

서류의 송달을 받아야 할 자가 ㉠~㉣ 어느 하나에 해당하는 경우에는 서류의 요지를 공고한 날부터 14일이 지나면 서류의 송달이 된 것으로 본다.

㉠ 주소 또는 영업소가 국외에 있고 그 송달이 곤란한 경우

㉡ 주소 또는 영업소가 분명하지 아니한 경우

㉢ 송달하였으나 받을 사람이 없는 것으로 확인되어 반송됨으로서 납부기한 내에 송달하기 곤란하다고 인정되는 경우

㉣ 세무공무원이 2회 이상 납세자를 방문하여 서류를 교부하려고 하였으나 받을 사람이 없는 것으로 확인되어 납부기한 내에 송달하기 곤란하다고 인정되는 경우

② **납부기한 연장**

송달하였더라도 서류가 납부기한 지난후 도달 또는 **서류가 도달한 날로부터 7일 이내에 납부기한이 되는 경우**의 납부기한은 **서류가 도달한 날로부터 14일이 지난 날**로 한다.

01 지방세기본법상 서류의 송달에 관한 설명으로 틀린 것은?

제33회

① 연대납세의무자에게 납세의 고지에 관한서류를 송달할
   때에는 연대납세의무자 모두에게 각각 송달하여야 한다.

② 기한을 정하여 납세고지서를 송달하였더라도 서류가 도
   달한 날부터 10일이 되는 날에 납부기한이 되는 경우 지
   방자치단체의 징수금의 납부기한은 해당 서류가 도달한
   날부터 14일이 지난 날로 한다.

③ 납세관리인이 있을 때에는 납세의 고지와 독촉에 관한
   서류는 그 납세관리인의 주소 또는 영업소에 송달한다.

④ 교부에 의한 서류송달의 경우에 송달할 장소에서 서류를
   송달받아야 할 자를 만나지 못하였을 때에는 그의 사용
   인으로서 사리를 분별할 수 있는 사람에게 서류를 송달
   할 수 있다.

⑤ 서류송달을 받아야 할 자의 주소 또는 영업소가 분명하
   지 아니한 경우에는 서류의 주요 내용을 공고한 날부터
   14일이 지나면 서류의 송달이 된 것으로 본다.

02 지방세기본법상 공시송달할 수 있는 경우가 아닌 것은?

제24회

① 송달 받아야 할 자의 주소 또는 영업소가 국외에 있고 그 송달이 곤란한 경우

② 송달 받아야 할 자의 주소 또는 영업소가 분명하지 아니한 경우

③ 서류를 우편으로 송달하였으나 받을 사람이 없는 것으로 확인되어 반송됨으로써 납부기한 내에 송달하기 곤란하다고 인정되는 경우

④ 서류를 송달할 장소에서 송달을 받을 자가 정당한 사유 없이 그 수령을 거부한 경우

⑤ 세무공무원이 2회 이상 납세자를 방문하여 서류를 교부하려고 하였으나 받을 사람이 없는 것으로 확인되어 납부기한 내에 송달하기 곤란하다고 인정되는 경우

정답

1. ② 기한을 정하여 납세고지서를 송달하였더라도 서류가 도달한 날부터 7일이 되는 날에 납부기한이 되는 경우 지방자치단체의 징수금의 납부기한은 해당 서류가 도달한 날부터 14일이 지난 날로 한다.
2. ③ 유치송달

제36회 공인중개사 시험대비 **전면개정판**

2025 박문각 공인중개사

이태호 샘의 짧세 한손노트
2차 부동산세법

초판인쇄	2024. 12. 15.
초판발행	2024. 12. 20.
편 저	이태호
발 행 인	박 용
발 행 처	(주)박문각출판
등 록	2015년 4월 29일 제2019-000137호
주 소	06654 서울시 서초구 효령로 283 서경 B/D
팩 스	(02)584-2927
전 화	교재 문의 (02)6466-7202, 동영상 문의 (02)6466-7201

저자와의
협의하에
인지생략

정가 18,000원   ISBN 979-11-7262-451-4